Dieter Homann | Peter Schwack

Gewaltprävention für Jugendliche

Ein **Trainingskurs** für Schule und Jugendarbeit

Verlag an der Ruhr

Impressum

Titel:	Gewaltprävention für Jugendliche Ein Trainingskurs für Schule und Jugendarbeit
gefördert von:	Familien Service
Autoren:	Dieter Homann, Peter Schwack
Fotos:	Dieter Homann, Peter Schwack
Druck:	Druckerei Uwe Nolte, Iserlohn
Verlag:	Verlag an der Ruhr Alexanderstraße 54 – 45472 Mülheim an der Ruhr Postfach 10 22 51 – 45422 Mülheim an der Ruhr Tel.: 02 08/439 54 50 – Fax: 02 08/439 54 239 E-Mail: info@verlagruhr.de www.verlagruhr.de

© Verlag an der Ruhr 2010
ISBN 978-3-8346-0595-5

geeignet für die Altersstufen 13 14 15 16

Gedruckt auf chlorfrei gebleichtes Papier.

Die Schreibweise der Texte folgt der neuesten Fassung der Rechtschreibregeln – gültig seit August 2006.

Wir sind seit 2008 ein ÖKOPROFIT®-Betrieb und setzen uns damit aktiv für den Umweltschutz ein. Das ÖKOPROFIT®-Projekt unterstützt Betriebe dabei, die Umwelt durch nachhaltiges Wirtschaften zu entlasten.

Das Werk und seine Teile sind urheberrechtlich geschützt. Jede Verwendung in anderen als den gesetzlich zugelassenen Fällen bedarf der vorherigen schriftlichen Einwilligung des Verlages. Die im Werk vorhandenen Kopiervorlagen dürfen für den eigenen Unterrichtsgebrauch in der jeweils benötigten Anzahl vervielfältigt werden. Der Verlag untersagt ausdrücklich das Speichern und Zurverfügungstellen dieses Buches oder einzelner Teile davon im Intranet (das gilt auch für Intranets von Schulen), Internet oder sonstigen elektronischen Medien.
Kein Verleih.

Inhaltsverzeichnis

Vorwort 4

Kapitel I:

Sozialer Trainingskurs „Stärken stärken, Schwächen schwächen":
Konzept und Erfahrungen
Schule und Jugendarbeit 6
Kurzkonzeption 8
Der Kurs im Sommer 2008 12

Kapitel II:

Sozialer Trainingskurs „Stärken stärken, Schwächen schwächen":
Gruppenstunden
Feste Bestandteile der Gruppenstunden 20
1. Gruppenstunde 22
    ✗ Chaosspiel: Spielplan 25
    ✗ Chaosspiel: Aufgaben 26
    ✗ Chaosspiel: Begriffe 29
    ✗ Steckbrief 30
    ✗ Alle, die … 31
2. Gruppenstunde 33
    ✗ Gespräch Gewalterfahrungen 35
3. Gruppenstunde 37
4. Gruppenstunde 38
5. Gruppenstunde 41
    ✗ Das Alkohol-Quiz 44
6. Gruppenstunde 46
7. Gruppenstunde 47
8. Gruppenstunde 48
9. Gruppenstunde 50
10. Gruppenstunde 52
11. Gruppenstunde 54
12. Gruppenstunde 56
Abschlussaktion 58
Nachtreffen 60
    ✗ Auswertung 61
    ✗ Teilnahmebescheinigung 62
Elternabend 63

Literaturtipps 65
Linktipps 66

Vorwort

Die Jahreskampagne 2008 des deutschen Caritasverbandes lautete „Achten statt ächten" und nahm junge, sozial benachteiligte Menschen in den Blick. Sie zielte auf die Stärkung der Verantwortungsfähigkeit bei Jugendlichen und die Förderung ihrer Stärken und Talente, um ihnen so Mut und Hoffnung trotz ihrer schwierigen Situation zu machen. Benachteiligte Jugendliche brauchen kein Mitleid und keine Missachtung, sie benötigen Anerkennung, Förderung und Respekt.

Im Kontext dieser Jahreskampagne war das **erstmalige Angebot eines sozialen Trainingskurses für auffällige Kinder und Jugendliche** durch unseren Caritasverband eine anspruchsvolle, aber auch willkommene Herausforderung, der wir uns gerne gestellt haben.

Zu lernen, mit Worten statt mit Fäusten umzugehen, dem Leben mit Freude statt mit Frust zu begegnen, Perspektiven zu entwickeln statt Perspektivlosigkeit zu beklagen: Unser Anliegen in dem Kurs war, diese Ziele den jugendlichen Teilnehmern aufzuzeigen und ihnen zu helfen, sie in ihrem Alltag umzusetzen.

Die Bilanz der ersten Durchführung unseres Kurses **„Stärken stärken, Schwächen schwächen"** war bei allen beteiligten Kooperationspartnern (Schulen, Gericht, Polizei, Jugendamt) so positiv, dass wir uns entschlossen haben, unser Konzept auch für andere Interessierte zur Verfügung zu stellen.

Wir möchten uns bei allen Menschen und Institutionen bedanken, die uns bei diesem Projekt unterstützt haben: bei den oben genannten Kooperationspartnern, aber auch bei den teilnehmenden Jugendlichen, mit denen die Arbeit trotz mancher schwieriger Momente und brenzliger Situationen auch viel Spaß gemacht hat. Wir alle haben an Erfahrungen, an Respekt, an Wertschätzung gewonnen. Schließlich bedanken wir uns beim Verlag an der Ruhr, der uns auf professionelle Weise bei der Erstellung dieser Arbeitshilfe begleitet und unterstützt hat.

(Dieter Homann)   (Peter Schwack)

Kapitel 1

Sozialer Trainingskurs
„Stärken stärken, Schwächen schwächen":

Konzept und Erfahrungen

Schule und Jugendarbeit

Kapitel ❶: Konzept und Erfahrungen

Im Herbst 2007 bekamen wir als Mitarbeiter des Caritasverbandes den Auftrag, einen **sozialen Trainingskurs für auffällige und straffällig gewordene Jungen und männliche Jugendliche** zu konzipieren und diesen im Jahr 2008 erstmals durchzuführen. Dieses Vorhaben stieß in der Öffentlichkeit auf große Resonanz, da die politische Diskussion über die Frage, wie der steigenden Jugendkriminalität zu begegnen sei, sehr kontrovers geführt wurde. Einen Weg zur Gewaltprävention sollte unser Angebot aufzeigen.

Mit unserem Konzept ist es uns gelungen, den Jugendlichen einerseits **klare Regeln und Orientierung für ihr Verhalten zu vermitteln**, sie andererseits dabei auch mit **Spaß an den Gruppenstunden und Wertschätzung ihres Engagements und ihrer Leistungen** in den Fortschritten zu unterstützen. Auf Grund der nahezu ausschließlich positiven Rückmeldungen seitens der Auftraggeber (Jugendamt, Jugendgericht, Polizei), aber auch der teilnehmenden Jugendlichen, soll dieses Projekt zukünftig ein Regelangebot unseres Verbandes werden.

Auch wenn wir unser Projekt auftragsgemäß auf eine spezielle Zielgruppe ausgerichtet haben, **so halten wir es für sehr sinnvoll, ein solches Angebot auch auf Schulen auszuweiten**, z.B. als AG im Nachmittagsbereich, **oder es in der Jugendarbeit anzubieten**. Sicher ist in diesen Fällen bei der ein oder anderen Gruppenstunde das Angebot zu modifizieren: Die Einheiten müssen auf die jeweils eigene Gruppe zugeschnitten, die Gegebenheiten vor Ort berücksichtigt werden usw. Deshalb werden bei den Ablaufplanungen der Gruppenstunden auch immer wieder mögliche Alternativen aufgezeigt. Darüber hinaus sind der eigenen Fantasie der Pädagogen* natürlich auch kaum Grenzen gesetzt.

Mag für Pädagogen in der Schule auf Grund der Lehrpläne die Wissensvermittlung im Vordergrund stehen, so lohnt es sich dennoch, die notwendige Zeit in ein Gruppenangebot zur Gewaltprävention zu investieren. Neben dem klassischen Unterricht **nimmt der Bereich des sozialen Lernens in der Schule einen immer breiteren Raum ein**. Angebote wie

---

* Aus Gründen der besseren Lesbarkeit haben wir in diesem Buch durchgehend die männliche Form verwendet. Natürlich sind damit auch immer Frauen und Mädchen gemeint, also Lehrerinnen, Schülerinnen etc.

Schule und Jugendarbeit

Kapitel ❶: Konzept und Erfahrungen

dieses können dazu beitragen, dass diese Zeit sinnvoll in ein erprobtes Projekt investiert wird. Zudem wird der Alltag von Kindern und Jugendlichen immer mehr virtuell bestimmt. Sich selbst zu spüren, was in vielen Gruppenstunden im Mittelpunkt steht, hat gerade deshalb in der heutigen Zeit einen ganz besonderen Reiz und macht den Kurs zu einer willkommenen **Ergänzung des normalen Schulalltags**.

Der **Erfolg des Projektes** zeigt sich nicht nur in den Einsichten, die die Jugendlichen in den Gesprächen äußern, oder im besseren Umgang miteinander während der Gruppenstunden, sondern er wird auch im Unterricht deutlich: Schüler, die ein größeres Selbstbewusstsein entwickelt haben, begegnen mit mehr Motivation den Lernanforderungen. Darüber hinaus führt ein respektvoller Umgang miteinander zu einer besseren Lernatmosphäre. Wenn sich die Schüler angenommen fühlen und Wertschätzung erfahren, sind sie zudem eher bereit, sich selbst zu engagieren und Verantwortung zu übernehmen.

Das gilt auch für die Jugendarbeit, in der es immer schwieriger wird, Kinder und Jugendliche für ein Vorhaben zu begeistern.

Mit diesem Trainingsprogramm helfen Sie den Jugendlichen nicht nur, sich ihrer Stärken bewusst zu werden, sondern versetzen sie auch in die Lage, ihre Fähigkeiten auch im Umgang mit anderen einzusetzen.

Kurzkonzeption

Kapitel ❶: Konzept und Erfahrungen

■ Zielgruppe

Der soziale Trainingskurs ist ein Angebot für Jugendliche im Alter von 13 bis 16 Jahren. Er kann in der vorliegenden Form sowohl in Schulklassen, in Gruppen im schulischen Nachmittagsbereich oder in der Jugendarbeit durchgeführt werden.

■ Ziele

Ausgehend von dem individuellen Entwicklungsstand und dem persönlichen Erfahrungshintergrund der einzelnen Teilnehmer zielt der soziale Trainingskurs auf eine Stärkung der Kompetenz in folgenden Bereichen:

- Anerkennung und Einhaltung von Grenzen und Regeln
- Einhaltung verbindlicher Absprachen
- Vermittlung eines positiven Selbstkonzepts (Selbstbewusstsein, Selbstwertgefühl, Selbstachtung)
- Entwicklung eines Gespürs für eigene Gefühle und die Fähigkeit, diese auch formulieren zu können
- Sensibilisierung für Stärken, Schwächen und Grenzen in der eigenen Persönlichkeit
- Unterstützung bei der Identitätsfindung
- Reflexion der eigenen Persönlichkeit und individuellen Biografie
- Auseinandersetzung mit erlernten Verhaltensmustern
- Entwicklung und Erprobung alternativer Handlungs- und Problemlösungsstrategien
- Verantwortungsgefühl gegenüber Mitmenschen
- Wertschätzung von Gleichaltrigen
- Förderung der Kommunikationsfähigkeit und Kooperationsbereitschaft
- Stärkung der gewaltfreien Konfliktfähigkeit
- Befähigung, Stärken, Schwächen und Grenzen anderer Menschen erkennen und akzeptieren zu können
- Befähigung zu partnerschaftlichem Umgang mit anderen

Kurzkonzeption
Kapitel ❶: Konzept und Erfahrungen

✗ bewusste Wahrnehmung der Perspektive des anderen Geschlechts und Vermittlung eines von Wertschätzung geprägten Frauenbildes (in der Arbeit mit männlichen Jugendlichen)
✗ angemessene Freizeitgestaltung (altersgerecht und suchtfrei)
✗ deliktfreie Handlungskompetenz (in der Arbeit mit straffälligen Jugendlichen)

■ Methoden der Maßnahme

Die Methoden des sozialen Trainingskurses orientieren sich an den Grundsätzen der sozialen Gruppenarbeit. Dabei fließen erlebnispädagogische Aspekte ein. Die Teilnehmer bekommen zudem Informationen aus erster Hand über Auswirkungen von Straffälligkeit und erhalten Handlungsalternativen.

■ Inhalte der Maßnahme

Folgende Inhalte sind im sozialen Trainingskurs vorgesehen:
✗ Informationen über Straffälligkeit (Gruppentreffen mit Jugendrichter und Polizei, Formen von Wiedergutmachung, …)
✗ Grenzerfahrungen/Erlebnispädagogik (Kletterwand, Hochseilgarten, Bogenschießen, …)
✗ Neue Formen der Freizeitgestaltung (Jugendfreizeitheime, offenes Sportangebot des Jugendamtes, Jugendtreffpunkte, Freizeitatlas, …)
✗ Beziehungs- und Themenarbeit (Kampfspiele, Suchtprävention, Kooperationsspiele, …)
✗ Elternarbeit

Kurzkonzeption

Kapitel ❶: Konzept und Erfahrungen

■ Kooperationspartner

Der soziale Trainingskurs wird in enger Zusammenarbeit mit verschiedenen Kooperationspartnern durchgeführt:
- ✗ Jugendrichter
- ✗ Polizei
- ✗ Jugendamt
- ✗ Jugendfreizeiteinrichtungen

Je nach Zusammensetzung und Erfahrungshintergrund der Teilnehmer, sind weitere Kooperationspartner (Suchtberatung, Bewährungshilfe, …) denkbar.

■ Umfang und Dauer der Maßnahme

Vor Beginn des sozialen Trainingskurses findet mit jedem Teilnehmer und seinen Eltern ein **Vorgespräch** statt. Dieses dient der Erfassung der individuellen Problematik des Teilnehmers, aber auch der Motivierung des Kindes bzw. Jugendlichen zur verbindlichen Teilnahme an dem sozialen Trainingskurs. In der Schule sollte auf einem Klassenpflegschaftsabend über den Kurs informiert werden: Den Schülern kann ebenfalls vor der ersten Gruppenstunde der Kurs mit Inhalten und Zielen vorgestellt werden.
Der Kurs wird **für etwa ein halbes Jahr** angeboten, da dieses den Teilnehmern einen überschaubaren Rahmen bietet. Es hat sich gezeigt, dass es sinnvoll ist, ihn in der ersten bzw. zweiten Jahreshälfte anzubieten, um ihn nicht durch zu lange Ferien im Sommer unterbrechen zu lassen.
Neben den **zwölf Gruppentreffen** (2 bzw. 3 und 3,5 Stunden) finden jeweils **zwei Sonderaktionen** (4 Stunden), **eine Abschlussaktion** (10 Stunden) und **ein Nachtreffen** (1 Stunde) statt.
Die **Dauer** der einzelnen Einheiten ist für eine Gruppe von 10 Personen ausgelegt, d.h., dass sie bei größeren Gruppen entsprechend länger dauern können. Die Zeiten für Anfahrten usw. müssen ebenfalls bei der Planung berücksichtigt werden.

Kurzkonzeption

Kapitel ❶: Konzept und Erfahrungen

■ Ablauf

✗ **Informationsgespräch mit den Eltern:** Überblick über Ziele und Inhalte des Kurses, Einverständniserklärungen einholen
✗ **Information der Jugendlichen:** Übersicht über Themen und Inhalte (kann in der Jugendarbeit mit dem Elterngespräch stattfinden, in der Schule in einem Vorgespräch mit der Klasse/ dem Kurs)
✗ **Durchführung der 12 Gruppenstunden:** (siehe Kapitel 2)

1) Gruppenidentität herstellen
2) Erfahrungsaustausch zum Thema Gewalt und Gewalterfahrungen
3) Abbau von Vorurteilen: Besuch bei der örtlichen Polizeiinspektion
4) Empathie mit Gewaltopfern wecken
5) Erfahrungsaustausch zum Thema Alkohol
6) Körperliche Grenzerfahrung: Klettern
7) Reflexion des aktuellen Freizeitverhaltens
8) Kennenlernen neuer Freizeitangebote 1
9) Informationen über eine Gerichtsverhandlung: Besuch des Amtsgerichts
10) Wiedergutmachung lernen
11) Kennenlernen neuer Freizeitangebote 2
12) Erkennen eigener Grenzen: Kartbahn

✗ **Abschlussaktion:** Hochseilgarten, Bogenschießen und gemeinsames Essen (Tagesausflug)
✗ **Nachtreffen:** Auswertung des Kurses (kann in der Schule für die letzte Stunde des Kurses geplant werden)
✗ **Elternabend:** Gespräch mit den Eltern über Veränderung im Verhalten der Jugendlichen, Beratung über die weitere Unterstützung der Jugendlichen im Alltag

Der Kurs im Sommer 2008

Kapitel ❶: Konzept und Erfahrungen

■ Ziele

„Und wenn nur ein Jugendlicher auf Grund der Teilnahme an dem sozialen Trainingskurs sein Leben anschließend delikt- und straffrei führt, dann war der Kurs erfolgreich, dann haben sich Kosten und Mühen gelohnt."

Mit der Formulierung dieses Ziels wurde vor Beginn des sozialen Trainingskurses der Erwartung begegnet, dass nach dem Kurs alle teilnehmenden Jugendlichen einen anderen, einen neuen Weg gehen: In 14 Gruppentreffen werden sich Jugendliche von ihren bisherigen Verhaltensmustern, Strategien, Denkweisen und ihrem sozialen Umfeld nicht vollständig verabschieden können und wollen.

Die Frage, ob es in diesem Kurs gelungen ist, einzelne Jugendliche zu einer zukünftig gewaltlosen, delikt- und straffreien Lebensführung zu motivieren, ließe sich letztlich erst in einer sehr langfristigen Auswertung beweisen. Wir haben jedoch erreicht, während der Zeit des Trainingskurses für die Jugendlichen Ansprechpartner zu sein, und wir hoffen, dies auch in schwierigen Situationen in Zukunft zu bleiben.

■ Durchführung

Einer ersten Einschätzung zufolge vermuten wir, dass etwa 50 % der teilnehmenden Jugendlichen gern und freiwillig (teilweise trotz Verurteilung freiwillig!) an der Gruppe teilgenommen haben, die andere Hälfte die Gruppe eher als lästige Pflicht und unangenehm erlebt hat. Zu dieser zweiten Hälfte gehörten sicher auch die beiden Jugendlichen, die die Gruppe wegen eines gewalttätigen Übergriffs bzw. wegen Unzuverlässigkeit vorzeitig verlassen mussten. Bei den anderen Jugendlichen, die diesen Kurs zunächst ablehnten, mag es in der Konsequenz jedoch hilfreich gewesen sein, dass sie zu der Teilnahme verpflichtet worden sind: Der „Eingriff" in die eigene Freizeitgestaltung diente als Abschreckung für weiteres Fehlverhalten.

Der Kurs im Sommer 2008

Kapitel ❶: Konzept und Erfahrungen

Die andere Hälfte der Teilnehmer hat sich, teils von Beginn an, teils im Verlaufe des Gruppenprozesses, auf die Gruppe und die Themen des Kurses eingelassen.

Sie haben
- die Stunden aktiv mitgestaltet,
- sich den anderen Jugendlichen mit ihren Themen, Stärken und Schwächen anvertraut,
- einen respektvollen Umgang mit den Teilnehmern und der Leitung der Gruppe gepflegt.

■ Auswertung

Dass die **Jugendlichen den sozialen Trainingskurs für sich als Bereicherung erlebt haben**, wird sicher durch ihre Nachfrage deutlich, „ob es nicht einen Aufbaukurs geben könne". Auch kamen sie eine Woche nach der letzten Gruppenstunde zum Haus der Beratung und erwarteten eine Fortsetzung der Gruppe.

Abgesehen davon, dass zwei Jugendlichen die weitere Teilnahme an der Gruppe untersagt wurde, hat die befürchtete Fluktuation nicht stattgefunden. Insgesamt sehen wir uns daher in unserem Weg bestätigt und werten diesen Kurs, auch nach der positiven Rückmeldung unserer Partner, als Erfolg für uns und natürlich auch für die beteiligten Jugendlichen.

Der Kurs im Sommer 2008

Kapitel ❶: Konzept und Erfahrungen

Aus der Durchführung des Kurses haben wir folgende **Erfahrungen, Anregungen und Überlegungen** mitgenommen, die in der Wiederholung des Projekts aufgegriffen werden sollen. Die Konsequenzen für die Umsetzung in der Schule schließen direkt an unsere Überlegungen an.

✗ Es sollte in Zukunft im Vorfeld sehr genau geprüft werden, wie sinnvoll es ist, **Jugendliche zu diesem Trainingskurs zu verpflichten**, die bereits mehrfach vorverurteilt sind und bereits bis hin zum Arrest zahlreiche Sanktionen erlebt haben. Diese sind kaum noch für derartige Projekte empfänglich.
In der Schule können die Jugendlichen dagegen sehr gut zu einem entsprechenden Kurs motiviert werden, sie erleben die Themen und Aktionen in den Gruppenstunden als abwechslungsreich und spannend. Daher kann ein solcher Kurs auch für eine Klasse verbindlich gemacht werden. Möglich wäre auch, auffällige Schüler zum Belegen eines solchen Kurses zu verpflichten, etwa im Zusammenhang mit einer Ordnungsmaßnahme.

✗ Wir empfehlen, einen solchen sozialen Trainingskurs in der Jugendarbeit zukünftig auch für **weibliche Jugendliche** anzubieten, da die Zahl der gewalttätigen Mädchen stetig zunimmt. Eine gemischtgeschlechtliche Zusammensetzung halten wir für nicht sinnvoll, weil diese zusätzlich für Imponiergehabe sorgen und inhaltliche Arbeit erschweren würde.
In der Schule sollte man abwägen, inwiefern sich Jungen und Mädchen gegenseitig negativ beeinflussen: Da sie in den anderen Fächern gewohnt sind, miteinander zu lernen und auch persönliche Themen zu besprechen, ist eine Trennung nach Geschlechtern in der Regel nicht zwingend nötig. Im Gegenteil: Jungen und Mädchen können lernen, in der Klasse besser miteinander auszukommen.

✗ Es hat sich als zwingend erwiesen, das Angebot in dieser Form in der Jugendarbeit mit zwei **Mitarbeitern** durchzuführen.
In der Schule kann es bei kleineren Klassen oder Kursen ausreichend sein, wenn ein Lehrer das Projekt durchführt. Für die Ausflüge und Aktionen in der Sporthalle ist es auch hier sinnvoll, eine zweite Person hinzuzuziehen.

Der Kurs im Sommer 2008

Kapitel ❶: Konzept und Erfahrungen

✗ Es empfiehlt sich, die **Obergrenze** bei acht statt zehn Jugendlichen festzulegen, da die inhaltliche Arbeit in einem kleineren Rahmen intensiver ist und vertrauter ablaufen kann.
Prinzipiell sind die Gruppenstunden **in der Schule** aber auch mit größeren Klassen oder Kursen durchführbar, zumal sich die Schüler in einer Klasse oder Stufe ohnehin schon kennen und an eine Zusammenarbeit gewöhnt sind.

✗ Bei den **Planungszeiten** der Gruppenleiter sollten auch die Gespräche mit den Kooperationspartnern berücksichtigt werden, da diese einen deutlich höheren Umfang als bei anderen Angeboten ausmachen. Wir halten hierfür eine Pauschale von 10 Fachleistungsstunden pro Gruppe für notwendig und ausreichend.
Auch **in der Schule** sollte darauf geachtet werden, dass die Lehrer genug Vorbereitungszeit, z.B. für die Ausflüge, einplanen: Termine mit Gerichten, Polizei und Jugendeinrichtungen müssen erfahrungsgemäß mindestens ein halbes Jahr im Voraus angefragt werden. Darüber hinaus müssen vor allem Materialien besorgt sowie Spiele und Gesprächsrunden vorbereitet werden.

Ein Trainingskurs für Schule und Jugendarbeit

Der Kurs im Sommer 2008

Kapitel ❶: Konzept und Erfahrungen

✗ Da die Gruppe auf Grund der anspruchsvollen Aktivitäten hohe **Sachkosten** verursacht, ist es in der Jugendarbeit notwendig, einen Teil der Sachkosten über Spenden, Geldbußen oder Geldstrafen abzudecken.
In der Schule könnten die Kosten durch den Förderverein oder Sponsoren aufgebracht werden: Viele Firmen beteiligen sich gerne an Aktionen zur Gewaltprävention. Dies betrifft insbesondere die Aufwendungen für Ausflüge und Eintritte. Viele Materialien dagegen, wie eine Digitalkamera, Rauschbrille, Sportgeräte usw. sind in den meisten Schulen ohnehin vorhanden oder können ausgeliehen werden. Führt man den Kurs mit einer Klasse durch, kann das abschließende Grillfest auch als Klassenveranstaltung mit Unterstützung der Eltern veranstaltet werden, genau wie die Ausflüge als Wandertag oder Unterrichtsgang durchgeführt werden können.

✗ In Folgegruppen sollte den Teilnehmern bereits bei den Aufnahme-Einzelgesprächen eine **klare Regelung zu Fehlzeiten und Verspätungen** mitgeteilt werden.
In der Schule ist hierfür schon ein Rahmen vorgegeben: Den Schülern sind die Regeln (Schul- und Hausordnung) bekannt, und sie kennen auch die Konsequenzen, die es nach sich zieht, wenn sie diese übertreten.

✗ An dem **Elternabend** des Trainingskurses haben nur zwei Erziehungsberechtigte teilgenommen. Deshalb sollte die Einbeziehung der Eltern der Jugendlichen einen verbindlicheren Charakter bekommen.
In der Schule bietet es sich an, auf einem Pflegschaftsabend und in einem Elternbrief (Kenntnisnahme mit Unterschrift bestätigen lassen) über den Kurs zu informieren und deutlich zu machen, welche Bedeutung der Elternabend am Ende des Kurses für die Jugendlichen hat und dass ihre Unterstützung in dem Bereich besonders wichtig ist. Dabei sollte der Lehrer sich auch sofort die Teilnahmeerlaubnis für die Ausflüge geben lassen.

✗ Das **inhaltliche Programm** eines nächsten Durchgangs der Gruppe könnte in Teilbereichen erweitert werden: In Planung ist dabei ein Besuch einer Justizvollzugsanstalt sowie eine begleitende Vorbereitung

Der Kurs im Sommer 2008

Kapitel ❶: Konzept und Erfahrungen

mit dem Gesellschaftsspiel „Ohne Bewährung", welches in der JVA Moers-Kapellen erschienen ist. Dies könnte den Jugendlichen die Konsequenzen von straffälligem Verhalten noch deutlicher vor Augen führen.

✗ Die Erfahrungen mit diesem neuen Angebot machen deutlich, dass zumindest bei einzelnen Jugendlichen wesentliche Ziele (Freizeitgestaltung, Umgang mit Sucht und Gewalt, Opfersicht, Beziehungsfähigkeit) erreicht werden können. Wir empfehlen daher, diesen Trainingskurs als **Regelangebot** in jährlichem Rhythmus anzubieten.
In der Schule könnte er z.B. regelmäßig als AG in einem Halbjahr angeboten werden, für eine Klassenstufe verbindlich im Schulprogramm verankert werden usw.

Kapitel 2

Sozialer Trainingskurs
„Stärken stärken, Schwächen schwächen":

Gruppenstunden

Feste Bestandteile der Gruppenstunden

Kapitel ❷: Gruppenstunden

Da die Gruppenstunden den Jugendlichen einen klaren Rahmen bieten sollen, erhalten sie die folgenden festen Bestandteile:

■ Blitzlicht zu Beginn der Gruppenstunde

In einem Blitzlicht zu Beginn der Gruppenstunde sollen die Teilnehmer kurz berichten, was sich seit dem letzten Treffen in ihrem Leben ereignet hat. Dies kann in Zusammenhang mit dem Thema der Gruppe stehen, jedoch auch völlig losgelöst andere Lebenszusammenhänge (Schule, Ausbildung, Freundin, Elternhaus, …) betreffen. Dadurch soll den anderen Teilnehmern deutlich werden, wie es dem Jugendlichen momentan geht und was ihn beschäftigt.

■ Pause zur Mitte der Gruppenstunde

Da die einzelnen Einheiten des Kurses für die Jugendlichen durchaus körperlich bzw. geistig anstrengend sind, wird jeweils zur Halbzeit einer Gruppenstunde eine kurze Pause eingelegt. In dieser Pause gibt es kein Programm, sondern die Jugendlichen bekommen Getränke und einige (gesunde) Süßigkeiten, was sie auch als Zeichen der persönlichen Wertschätzung erleben.

■ Abschlussblitzlicht

Im Abschlussblitzlicht können alle Teilnehmer kurz schildern, was ihnen an dieser Gruppenstunde besonders gefallen oder auch nicht gefallen hat. Dabei kann es um Programmpunkte, aber auch um das Verhalten anderer Gruppenmitglieder gehen. Am Schluss sollte jeweils die Überlegung stehen: „Gab es für mich eine Erkenntnis, die ich zukünftig ganz praktisch in meinem Leben umsetzen werde?" So bekommen Teilnehmer wie Leitung der Gruppe noch einmal eine Rückmeldung, und die Jugendlichen erlernen dabei aktive und passive Kritikfähigkeit. Bei Kritik an Personen sollte darauf geachtet werden, dass sie sachlich bleibt und nicht verletzend ist. Regeln dazu können in der ersten Gruppenstunde (siehe Seite 22) verbindlich festgelegt werden.

Feste Bestandteile der Gruppenstunden

Kapitel ❷: Gruppenstunden

■ Abschlussritual

Um das Gruppenzugehörigkeitsgefühl und den Gemeinschaftssinn zu stärken, sollen sich alle Teilnehmer auf ein Abschlussritual verständigen, mit dem sich die Jugendlichen zu jeder Gruppenstunde voneinander verabschieden. Das kann z.B. sein, dass alle im Kreis stehen und eine Parole ausgeben (wie bei Joachim Masanneks „Wilden Kerlen") oder alle Teilnehmer sich auf einer Matte übereinanderlegen („Schweinehaufen").

1. Gruppenstunde

Kapitel ❷: Gruppenstunden

Inhalte/Methoden	Dauer
Begrüßung und Vorstellungsrunde	5 Minuten
Kennenlernen 1: Chaosspiel Die Jugendlichen werden durch Losverfahren in Zweiergruppen eingeteilt. Beim Leiter liegt das Spielbrett (s. S. 25) mit jeweils einer Spielfigur für jedes Team. Im gesamten Raum sind Zettel mit Zahlen und den dazugehörigen Begriffen (s. S. 29) verteilt. Immer zwei Teams spielen nun gegeneinander: Ein Team beginnt zu würfeln und stellt zunächst seine Figur auf dem Spielbrett um diese Zahl weiter. Das zweite macht dasselbe. Dann müssen alle vier Mitspieler loslaufen und den Zettel mit der Zahl, auf der sie auf dem Spielbrett gelandet sind, in der Halle suchen. Wer seinen gefunden hat, merkt sich den Begriff, der dort draufsteht, und kommt zurück zum Spielleiter. Dieses Team darf nun weiterspielen, das andere muss eine Runde aussetzen. Der Spielleiter liest dem Team die Aufgabe vor (siehe S. 26), die es zu erledigen hat. Nur wenn es sie gelöst hat, darf es in der nächsten Runde weiterwürfeln. Waren alle Teams einmal dran, werden für die neue Runde aus denjenigen, die nicht aussetzen müssen, neue Paarungen gebildet. Das Spiel ist beendet, wenn alle Teams das Ziel erreicht haben. Bei diesem Spiel erfahren die Teilnehmer viel über ihre Einstellungen und lernen, im Team miteinander Aufgaben zu bewältigen.	60 Minuten
Pause	5 Minuten
Kennenlernen 2: Steckbrief Die Partner aus dem Chaosspiel tragen in einen Steckbrief mit vorgefertigten Fragen (s. S. 30) die Informationen ein, die sie bereits von ihrem Partner wissen. Um die Lücken zu füllen, befragen sie sich dann gegenseitig. Die Steckbriefe können anschließend im Klassenraum aufgehängt werden.	10 Minuten
Austoben: Handtuchkampf Die Partner aus dem Chaosspiel stellen sich in gegenüberliegende Ecken des Raumes. Auf ein Startsignal hin müssen sie mit allen (fairen!) Mitteln versuchen, ein in der Mitte liegendes Handtuch in ihre Ecke zu holen. Gelingt das nicht, wird der Kampf nach 2 Minuten abgebrochen und das nächste Paar ist dran.	10 Minuten

1. Gruppenstunde

Kapitel ❷: Gruppenstunden

Gruppenorganisation: Regeln der Gruppe In einem Brainstorming sammeln die Teilnehmer die Regeln, die ihnen in dieser Gruppe wichtig sind. Sie werden auf einem Plakat notiert. Wichtige Rahmenbedingungen können von den Leitern ergänzt werden. Dazu gehören auf jeden Fall: ✗ Jeder muss regelmäßig an dem Training teilnehmen. ✗ Wer verhindert ist, muss sich vorher abmelden und hinterher eine Entschuldigung der Eltern vorlegen. ✗ Alle Teilnehmer respektieren sich gegenseitig. ✗ Keiner darf etwas von dem weitererzählen, was er in der Gruppe von den anderen Teilnehmern erfährt.	10 Minuten
Teilnehmer besser kennenlernen: „Alle, die …" Die Teilnehmer sitzen auf Stühlen im Kreis, ein Jugendlicher steht in der Mitte. Der Gruppenleiter nennt nun verschiedene Eigenschaften und Einstellungen (s. S. 31 – es sollten dabei neben den „harmlosen" Fragen nach Hobbys, z.B. „Alle, die gerne Fußball spielen", auch Einstellungen oder eher unangenehme Erfahrungen angesprochen werden, z.B. „Alle, die sich schon mal geschlagen haben"). Die Jugendlichen, die sich angesprochen fühlen, müssen aufstehen und sich einen neuen Platz suchen, wobei der Jugendliche in der Mitte auch versucht, auf einem Stuhl Platz zu nehmen. Nach einer Reihe von Aufforderungen kann derjenige in der Mitte Eigenschaften nennen, zu denen die Plätze getauscht werden sollen. Auch hierbei sollte der Leiter darauf achten, dass die Grenze von unangenehmer Frage zu bewusster Provokation nicht überschritten wird.	10 Minuten
Gruppenidentität herstellen: Gruppenfoto Die Teilnehmer sollen sich ein Motiv für ein besonders originelles Gruppenfoto einfallen lassen. Über die besten Ideen wird abgestimmt, und der Leiter macht dann die Aufnahme.	5 Minuten
Abschlussblitzlicht und Abschlussritual	5 Minuten

Ort

vor der Pause: Turnhalle oder großer Klassen- oder Gruppenraum
nach der Pause: Klassen- oder Gruppenraum

1. Gruppenstunde

Kapitel ❷: Gruppenstunden

Material

Spielmaterial für das Chaosspiel:
- Spielplan mit Feldern von 1–60 (s. S. 25)
- Würfel, eine Spielfigur pro Gruppe
- Zettel mit Begriffen und Zahlen von 1–60 (s. S. 26–29)
- Fußball
- 2 Tennisbälle
- Schal
- 5 x 2 Filmdosen mit gleichem Inhalt (Watte, Wasser, Mehl, …)
- 3 Teppichfliesen o.Ä.
- Luftballons
- Kondom
- 20 Bierdeckel
- Tischtennisschläger mit Ball
- Überraschungseier®

- Steckbriefe und Stifte (s. S. 30)

- Altes Handtuch

- Kamera

- Pausenverpflegung

1. Gruppenstunde: Chaosspiel

Kapitel ❷: Gruppenstunden

Spielplan

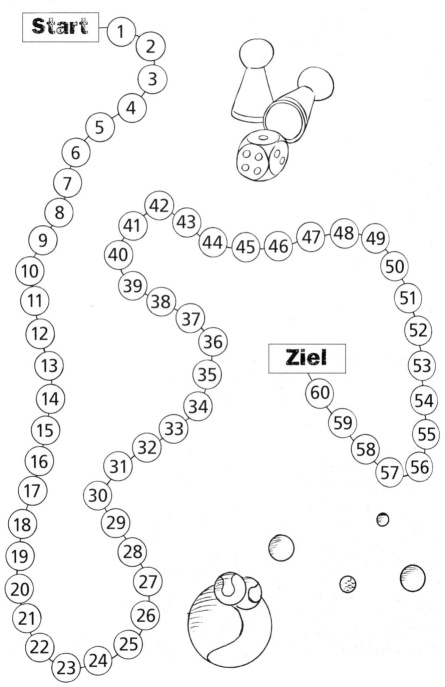

1. Gruppenstunde: Chaosspiel

Kapitel ❷: Gruppenstunden

Aufgaben

Dieses sind 60 Vorschläge für Aufgaben, die mit relativ wenig Material umgesetzt werden können. Jeder Leiter kann hierbei auf Grund seiner eigenen räumlichen und sächlichen Möglichkeiten natürlich variieren und völlig andere Aufgaben einführen. Auch kann für eine Gruppe, die über weniger Zeit verfügt, das Spiel natürlich verkürzt und ein kleinerer Spielplan (z.B. bis 40) erstellt werden.

1. Was ist der wichtigste Gegenstand für euch als Jungen/ als Mädchen?
2. Macht gemeinsam einen Kopfstand, und lasst euch dabei fotografieren.
3. Spielt euch einen Fußball fünf Mal so zu, dass er nicht den Boden berührt.
4. Wie alt sind alle Jungen der Gruppe zusammen?
5. In welcher Situation hattet ihr schon einmal richtige Angst?
6. Zieht euch gegenseitig die Socken aus, ohne dass man selbst hilft!
7. Baut aus den Sitzkissen, Stühlen oder Matten einen möglichst hohen Turm!
8. Rückt drei Felder vor, und sucht den entsprechenden Begriff.
9. Was ist für euch das Wichtigste an einem guten Freund?
10. Verbindet euch nacheinander mit einem Schal gegenseitig die Augen und führt euch so eine Minute sicher durch diesen Raum.
11. Nennt drei Eigenschaften, die bei Mädchen anders sind als bei Jungen.
12. Wie heißen die Mädchen in der Gruppe?
13. Aller Anfang ist schwer: Ihr müsst leider zurück an den Start.
14. Lasst euch so fotografieren, als wäret ihr Mr./Miss Germany.
15. Stellt fest, wie viele Mitglieder der Gruppe kitzelig sind.
16. Berührt mit einer Hand zwei Wände in diesem Raum.
17. Versucht mit den zwei Tennisbällen zu jonglieren.
18. Nennt drei Strafen, die ihr in Ordnung findet, und drei Strafen, die ihr nicht in Ordnung findet.
19. Stellt euch Rücken an Rücken aneinander und versucht zu beschreiben, wie der Partner aussieht.
20. Schade, ihr müsst 6 Felder zurück und den entsprechenden Begriff suchen (wenn das noch nicht geht: 1x aussetzen).

1. Gruppenstunde: Chaosspiel

Kapitel ❷: Gruppenstunden

21. Malt ein Bild von euch, und lasst euch damit fotografieren.
22. Glück gehabt: Ihr dürft sechs Felder vor und den entsprechenden Begriff suchen.
23. Lasst ein Foto von euch machen, wie ihr auf dem nächsten Titelblatt einer Jugendzeitschrift stehen wollt.
24. Wie viele Teilnehmer der Gruppe tragen heute blaue Jeans?
25. Ihr müsst euch jetzt im Armdrücken duellieren.
26. Was ist für euch das wichtigste Verhalten bei einem erfolgreichen Flirt?
27. Erfindet einen Werbespot für ein Rasierwasser/Lippenstift und spielt ihn kurz vor.
28. Nennt drei Dinge, die Jungen eurer Meinung nach besser können als Mädchen, und dann drei, bei denen Mädchen besser sind.
29. Wie viele Teilnehmer der Gruppe sind 14 Jahre alt?
30. Wo verbringt ihr am liebsten eure Freizeit?
31. Gibt es etwas, was ihr getan habt, was euch leidtut?
32. Sucht drei Mal zwei Filmdosen mit gleichem Inhalt heraus, ohne eine zu öffnen.
33. Stellt euch zusammen auf einen Hocker, Stuhl o.Ä. mit möglichst kleiner Fläche, und lasst euch so fotografieren.
34. Wie viele Jungen der Gruppe haben blaue Augen?
35. Rückt zwei Felder vor, und sucht den entsprechenden Begriff.
36. Fändet ihr es besser, wenn in dieser Gruppe nur Jungen oder nur Mädchen wären? Warum/Warum nicht?
37. Was ist euer Lieblingscomputerspiel?
38. Wer hatte in der Gruppe als letzter Geburtstag?
39. Durchquert die Halle mit den Teppichfliesen, ohne den Boden zu berühren.
40. Stellt fest, bis wann das Kondom haltbar ist, das hier im Raum versteckt ist.
41. Blast einen Luftballon auf, bis er platzt.
42. Wie viele Teilnehmer der Gruppe haben schon mal die Schule geschwänzt?
43. Baut einen Turm aus 20 Bierdeckeln.
44. Schade, schade, ihr müsst leider sieben Felder zurück und den entsprechenden Begriff suchen.
45. Erzählt einen Witz.

1. Gruppenstunde: Chaosspiel

Kapitel ❷: Gruppenstunden

46. Was ist in euren Augen eine richtige Mutprobe?
47. Glück gehabt: Ihr dürft zehn Felder vor.
48. Durchquert den Raum so, dass jeweils nur ein Fuß von euch den Boden berührt.
49. Nennt drei Verhütungsmittel.
50. Wer hat in der Gruppe als Nächster Geburtstag?
51. Lasst einen Ball so auf einem Tischtennisschläger „hüpfen", dass er 10-Mal aufkommt ohne herunterzufallen.
52. Wie viele Geschwister haben alle Mädchen der Gruppe zusammen?
53. Setzt euch so in Szene, als ob ihr streiten würdet, und lasst euch dabei fotografieren!
54. Was für Situationen sind Jungen/Mädchen peinlich?
55. Worüber könnt ihr euch besonders aufregen?
56. Wie viele Jungen der Jungengruppe tragen heute Boxershorts?
57. Lasst euch so fotografieren, als wäret ihr schon lange Zeit befreundet.
58. So kurz vor dem Ziel: Geht ein Feld zurück, und sucht den entsprechenden Begriff.
59. Zieht eure Schuhe aus, und macht aus den Schuhbändern eine lange Kette.
60. Esst das Überraschungsei, und baut die Überraschung zusammen.

1. Gruppenstunde: Chaosspiel

Kapitel ❷: Gruppenstunden

Begriffe

1. Dinge
2. Helden
3. Muskeln
4. Prinzen
5. Dunkel
6. Füße
7. Gipfel
8. Bravo
9. HipHop
10. Gefühle
11. Unterschied
12. Jugendliche
13. Start
14. Scherz
15. Lachen
16. Sport
17. Geschicklichkeit
18. Rote Karte
19. Aussehen
20. Schule
21. Fantasie
22. Gewalt
23. Cover
24. Hose
25. Kraft
26. Liebe
27. Reklame
28. Fußball
29. Alter
30. Sportplatz
31. Angst
32. Fühlen
33. Enge
34. Augen
35. Boxen
36. Vertrauen
37. Playstation
38. Geburtstag
39. Anstrengung
40. Datum
41. Luft
42. Schwänzer
43. Hochhaus
44. Sprache
45. Witz
46. Überwindung
47. Schwäche
48. Bein
49. Körper
50. Clique
51. Tischtennis
52. Geschwister
53. Streit
54. Peinlichkeit
55. Kampf
56. Unterwäsche
57. Liebe
58. Eifersucht
59. Schnürsenkel
60. Sieger

Ein Trainingskurs für Schule und Jugendarbeit

1. Gruppenstunde: Steckbrief

Kapitel ❷: Gruppenstunden

Name:

Lieblingsspruch:
An der Schule/Ausbildung nervt …

Adresse:
Lieblingssport:
An mir nervt mich …

Hobbys:
Lieblingsessen:
An meinem Leben nervt …

Geburtstag:
Lieblingsmusik:
An meinen Eltern nervt …

Handynummer:
Lieblingsort:
An meinem Aussehen nervt …

Anzahl der Geschwister:
Lieblingsspiel:
An meinen Geschwistern nervt …

Augenfarbe:
Lieblingssendung:
An meiner Freizeit nervt …

E-Mail-Adresse:
Besondere Fähigkeit:
An meinen Freunden nervt …

1. Gruppenstunde: Alle, die ...

Kapitel ❷: Gruppenstunden

Ihren Platz wechseln alle, die ...
- ✗ heute Morgen nicht vor acht Uhr aufgestanden sind.
- ✗ schon ein Harry-Potter-Buch gelesen haben.
- ✗ heute keine blaue Jeans tragen.
- ✗ gerne Pizza essen.
- ✗ heute Morgen nicht die Zähne geputzt haben.
- ✗ eine Freundin/einen Freund haben.
- ✗ gerne eine Freundin/einen Freund hätten.
- ✗ sich nicht gerne fotografieren lassen.
- ✗ gerne Fußball spielen.
- ✗ Spaß daran hätten, einmal mit ihrem Vater zu kämpfen.
- ✗ schon einmal Schule geschwänzt haben.
- ✗ nicht im August Geburtstag haben.
- ✗ schon einmal geraucht haben.
- ✗ schon einmal Hausarrest hatten.
- ✗ noch nie einen Playboy in der Hand hatten.
- ✗ sich schon mal geprügelt haben.
- ✗ in der Schule schon vom Lehrer ermahnt wurden.
- ✗ schon mal eine Sechs geschrieben haben.
- ✗ gerne jünger wären, als sie es sind.
- ✗ schon einmal World of Warcraft gespielt haben.
- ✗ schon einmal bei einer Mutprobe gekniffen haben.
- ✗ schon einmal etwas angestellt haben, was sie nicht durften.
- ✗ ihre Eltern zu streng finden.
- ✗ sich gefreut haben, dass Bayern nicht Deutscher Meister geworden ist.
- ✗ schon einmal in der Schule gemobbt wurden.
- ✗ schon einmal in der Schule gemobbt haben.
- ✗ schüchtern sind.
- ✗ kein Fan von Bayer Leverkusen sind.
- ✗ glauben, dass auch Jungen weinen dürfen.
- ✗ schon mal vor dem Jugendrichter standen.
- ✗ älter als 13 Jahre alt sind.
- ✗ ihre Geschwister nervig finden.
- ✗ keine Angst haben.
- ✗ schon mal zu viel Alkohol getrunken haben.
- ✗ sportlich sind.

1. Gruppenstunde: Alle, die ...

Kapitel ❷: Gruppenstunden

- ✗ schon mal bei einem Diebstahl erwischt wurden.
- ✗ nicht gerne zur Schule oder zur Arbeit gehen.
- ✗ gerne am Computer spielen.
- ✗ mit ihren Eltern über alles sprechen können.
- ✗ in den Osterferien nicht in Urlaub gefahren sind.
- ✗ lieber mehr Freunde hätten.
- ✗ gerne stärker wären, als sie es sind.
- ✗ heute Sportschuhe tragen.
- ✗ keine Geheimnisse haben.
- ✗ schon alles über Sexualität wissen.
- ✗ öfter als einmal in der Woche die Socken wechseln.
- ✗ ein Musikinstrument nach Noten spielen können.
- ✗ ... (der in der Mitte Stehende denkt sich etwas aus)

2. Gruppenstunde

Kapitel ❷: Gruppenstunden

Inhalte/Methoden	Dauer
Blitzlicht	5 Minuten
Kräfte messen 1: Zombieball Die Teilnehmer laufen durch die Halle und müssen sich mit einem Ball abwerfen. Dabei sollen sie den Namen des Abgeworfenen sagen. Wenn ein Teilnehmer abgeworfen wurde, muss er sich setzen. Nennt der Werfer einen falschen Namen, darf er weiterlaufen. Er darf wieder aufstehen, wenn der Spieler, von dem er abgeworfen wurde, ebenfalls abgeworfen wird.	10 Minuten
Erfahrungsaustausch zum Thema Gewalt: **Gespräch Gewalterfahrungen** Die Teilnehmer erzählen reihum, wann und in welcher Form sie das letzte Mal Gewalt erlebt haben. (Tipps zur Durchführung eines solchen Gesprächs s. S. 35.) Dadurch soll die eigene Haltung zum Thema Gewalt geklärt werden.	10 Minuten
Kräfte messen 2: Kein Platz für zwei Zwei Jugendliche stellen sich auf eine Bank und müssen versuchen, sich gegenseitig mit einem Encounter-Bat (weicher Schaumstoffschläger, ersatzweise Nackenrollen oder dicke Poolnudeln) von der Bank zu vertreiben. Dazu darf nur der Encounter-Bat benutzt werden, bei allen anderen Aktionen (z.B. treten) hat der unfaire Spieler sofort verloren. Der Kampf ist beendet, wenn einer der Jugendlichen den Boden berührt oder zwei Minuten verstrichen sind.	15 Minuten
Kräfte messen 3: Fairer Kampf nach Regeln Die Jugendlichen fordern sich zu einem Duell heraus. Es gibt unterschiedliche Kampfangebote (Boxen, Armdrücken, Sockenduelle, Wrestling oder auch eigene Vorschläge). Beim Sockenduell z.B. gehen zwei Jugendliche ohne Schuhe auf eine große Matte. Sie haben die Aufgabe, sich gegenseitig die Socken auszuziehen. Wer zuerst beide Socken des Gegners bekommen hat, gewinnt das Duell. Die Leitung gibt für jedes Duell klare Regeln vor: Höchstdauer (je nach Disziplin, bei Sockenduell z.B. 5 Minuten), Form des Kampfes, nicht erlaubte Kampfhandlungen (Beißen, Kratzen, Haareziehen usw.). Auch muss den Teilnehmern klar sein, dass ein Duell spätestens dann beendet ist, wenn ein „Kämpfer" aufgibt. Weitergehende Regeln für den Kampf können die jeweiligen Kämpfer vor Beginn eines Kampfes absprechen. Zwei Mitspieler achten als Schiedsrichter auf die Einhaltung der Regeln.	20 Minuten

2. Gruppenstunde

Kapitel ❷: Gruppenstunden

Pause	5 Minuten
Kräfte messen 3: Fairer Kampf nach Regeln Fortsetzung der Kämpfe aus der ersten Halbzeit der Gruppenstunde.	30 Minuten
Geschicklichkeit testen: Samuraispiel Zwei Teilnehmer bekommen die Augen verbunden und werden gedreht. Sie müssen sich nun gegenseitig in der Halle finden. Auf diese Art und Weise wird verdeutlicht, dass nicht nur Stärke zählt, sondern auch andere Qualitäten wichtig sind, um Ziele zu erreichen.	20 Minuten
Abschlussblitzlicht und Abschlussritual	5 Minuten

Ort
Sporthalle, großer Klassen- oder Gruppenraum

Material
✗ Ball
✗ Encounter-Bat, Nackenrollen oder dicke Poolnudeln und Bank
✗ Boxhandschuhe
✗ Augenbinden
✗ Kamera zur Dokumentation der Gruppenstunde
✗ Pausenverpflegung

2. Gruppenstunde

Kapitel ❷: Gruppenstunden

Gespräch Gewalterfahrungen

■ Inhalt

In der Gesprächsrunde können und **sollen die Jugendlichen von ihren eigenen, ganz persönlichen Erfahrungen mit Gewalt berichten**. Da die Gruppe unter Umständen noch nicht sehr lange zusammen arbeitet, wird auch die Offenheit bei den Teilnehmern sicherlich variieren und die Berichte deshalb sehr unterschiedlich in die Tiefe gehen. Die Jugendlichen sollten jedoch auf keinen Fall dazu gedrängt werden, mehr zu erzählen, als sie wirklich wollen.

■ Ablauf

Vom Gruppenleiter werden klare **Gesprächsregeln** vorgegeben:
✗ Jeder lässt jeden aussprechen.
✗ Keiner wird für eine Aussage ausgelacht.
✗ Es wird noch einmal auf die Schweigepflicht der Teilnehmer aus den Gruppenregeln (siehe erste Gruppenstunde) hingewiesen.
✗ Erst wenn jemand zu Ende gesprochen hat, dürfen Leitung oder Teilnehmer dem Sprecher Fragen stellen.
✗ Es wird keiner gedrängt, zu erzählen, wenn er es nicht mehr will.

Die **Fragestellungen** des Gesprächs werden als Anhaltspunkte vom Leiter stichpunktartig auf einem Plakat notiert und der Gruppe ausführlich beschrieben. Folgende Fragen können dabei im Vordergrund stehen:
✗ Welche Formen von Gewalt (körperliche Gewalt, Ausgrenzung, ...) kenne ich?
✗ Finde ich Gewalt bzw. bestimmte Formen von Gewalt in manchen Situationen akzeptabel und legitim?
✗ Wann wurde mir das letzte Mal Gewalt angetan? Was habe ich dabei empfunden?
✗ Wann habe ich das letzte Mal einem anderen Menschen Gewalt angetan?
✗ Welche Konsequenzen hatte meine Anwendung von Gewalt?
✗ Wie wird mit verschiedenen Formen von Gewalt in meiner Familie, in meinem Freundeskreis umgegangen?

Gespräch Gewalterfahrungen

Kapitel ❷: Gruppenstunden

✗ Wo hat mich die Anwendung von Gewalt ängstlich, wo hat sie mich wütend gemacht?

Nachdem jeder Teilnehmer einmal von seinen Erfahrungen berichtet hat, sollte der Leiter, evtl. mit Hilfe der Jugendlichen, die wichtigsten Aussagen oder Erkenntnisse noch einmal zusammenfassen:
✗ Wo gibt es oft Gewalt?
✗ Welche Gefühle verursacht sie?
✗ Welche Konsequenzen zieht Gewalt nach sich?

Auch dies kann auf einem Plakat festgehalten und aufgehängt werden.

3. Gruppenstunde

Kapitel ❷: Gruppenstunden

Inhalte/Methoden	Dauer
Blitzlicht	5 Minuten
Abbau von Vorurteilen: Besuch bei der örtlichen Polizeiinspektion Gespräch mit Beamten mit unterschiedlichen Aufgabenbereichen bei der Polizeibehörde (Streifenpolizist, Opferschutzbeauftragter, Leiter der Polizei, Vertreter der Kriminalpolizei). **Folgende Aspekte sollen in dem Gespräch vertieft werden:** ✗ Aufgaben und Rolle der Polizei ✗ Freizeitsituation der Jugendlichen ✗ Schulische/berufliche Situation der Jugendlichen ✗ Perspektiven der Jugendlichen ✗ Thema Gewalt – Körperverletzung ✗ Angst und Trauma bei Opfern ✗ Opferrolle – Empathie ✗ Schaffen von Betroffenheit ✗ Eigene Gewalterfahrungen ✗ Wiedergutmachung ✗ Fragen und Anliegen der Jugendlichen Besichtigung der Arrestzelle und evtl. weitere Einblicke in den Polizeialltag	3 Stunden
Kurze Reflexion der Gruppenstunde **Folgende Fragestellungen können dabei besprochen werden:** ✗ Was war mir neu, was kannte ich schon (aus Erzählungen oder eigenen Erfahrungen)? ✗ Habe ich mein (Feind-)Bild von der Polizei überprüfen und verändern können? ✗ Habe ich etwas erfahren, was dazu führen könnte, dass ich mich zukünftig in kritischen Situationen anders verhalten werde?	10 Minuten

Ort
Polizeiinspektion

Material
Kamera zur Dokumentation der Gruppenstunde

4. Gruppenstunde

Inhalte/Methoden	Dauer
Blitzlicht	5 Minuten
Reflexion: Eindrücke vom Besuch bei der Polizei Mit etwas Abstand nach dem Besuch bei der Polizei sollen die Teilnehmer noch einmal ohne die Anwesenheit der Beamten die am Ende der 3. Gruppenstunde aufgeworfenen Fragen beantworten.	10 Minuten
Empathie mit Gewaltopfern wecken: **Darstellung von Gewaltszenen in Filmen** Den Teilnehmern werden zwei kurze Filme (Nr. 13 „Ja normal" und Nr. 15 „Wie tut's die Gewalt") von der DVD „Gewalt macht Schule. Schule macht Gewalt" gezeigt. (Die Bezugsquelle dieser DVD ist beim Material aufgeführt.) Jeder Gruppenleiter kann natürlich auch andere Filmbeispiele auswählen, z.B. selbst Szenen aus Fernsehfilmen oder -dokumentationen aufnehmen, Material von Stadt- und Kreisbildstellen ausleihen oder geeignete Szenen aus Spielfilmen aussuchen (z.B. „Knallhart" von Detlev Buck oder „Prinzessin" von Birgit Grosskopf). Wichtiges Kriterium bei der Auswahl des Materials ist, dass es sich um Szenen aus dem Bereich Jugendgewalt handelt, damit sich die Teilnehmer in der Situation wiedererkennen können. Je nach Teilnehmergruppe und ihrem Erfahrungshintergrund, kann es sich um unterschiedliche Gewaltformen (Mobbing, Schlägereien, Beleidigungen, Ausgrenzung) oder einer Kombination hieraus handeln.	15 Minuten
Erfahrungsaustausch/Empathie zeigen lernen: **Gesprächsrunde** Die Filmszenen werden mit den Jugendlichen unter folgenden Fragestellungen ausgewertet, und ein persönlicher Bezug wird im Gespräch hergestellt: ✗ Sieht so der Alltag wirklich aus? ✗ Hätten die Situationen anders gelöst werden können? Wenn ja, auf welche Weise? ✗ Wart ihr selbst bei solchen Situationen schon in der Opferrolle? Falls nein, was glaubt ihr, wie es den Opfern geht? Der Leiter erinnert die Gruppenteilnehmer noch einmal an die Gesprächsregeln, die bereits in der zweiten Gruppenstunde (s. S. 35) vorgegeben wurden.	20 Minuten
Austoben: Kissenschlacht	10 Minuten

4. Gruppenstunde

Pause	5 Minuten
Eigene körperliche Grenzen erfahren: Klettern Die Jugendlichen klettern an einer Wand in verschiedenen Schwierigkeitsstufen (ohne bestimmte Farben der Griffe an der Kletterwand zu benutzen, mit verbundenen Augen, …) und durchqueren am gespannten Seil den Raum, ohne den Boden zu berühren – ggf. mit Unterstützung anderer Teilnehmer. **Alternative:** Sollte es keine Klettermöglichkeit geben, kann an dieser Stelle auch ein „Blinder Parcours" aufgebaut werden: Die Teilnehmer bauen einen Parcours durch den Raum. Hierfür können sie alle Materialien nutzen, die sich ihnen bieten: Tische, Stühle, Bänke, Kissen, … Diesen Parcours sollen sie dann einzeln überqueren, ohne den Boden des Raumes zu berühren. Zuerst können sie dieses einmal sehend ausprobieren, um sich mit dem Parcours vertraut zu machen. Beim zweiten Mal sollen sie es mit verbundenen Augen schaffen. Sie können dieses alleine versuchen oder die Unterstützung eines Mitspielers erbitten (an die Hand nehmen, Kommandos geben, …).	30 Minuten
Intensiveres Kennenlernen der Teilnehmer: Rotes Kissen/Heißer Stuhl Die Teilnehmer setzen sich nacheinander auf ein rotes Kissen (oder andere Sitzgelegenheit) in der Mitte und beantworten Fragen, die aus der Runde an sie gestellt werden. Je nach Gruppenkonstellation und Vertrautheit in der Gruppe, können dem Teilnehmer bis zu drei Tabuthemen bzw. Tabufragen eingeräumt werden, auf die er nicht antworten muss.	15 Minuten
Abschlussblitzlicht und Abschlussritual	5 Minuten

Ort
Sporthalle und/oder großer Klassen- oder Gruppenraum

4. Gruppenstunde

Kapitel ❷: Gruppenstunden

Material
✗ DVD und Fernseher/Computer mit Beamer Die DVD „Gewalt macht Schule. Schule macht Gewalt" ist erschienen und wird vertrieben beim Medienprojekt Wuppertal e.V., www.medienprojekt-wuppertal.de ✗ Kletterwand, Ausrüstung, Seil ✗ Kissen ✗ Kamera zur Dokumentation der Gruppenstunde ✗ Pausenverpflegung

5. Gruppenstunde

Kapitel ❷: Gruppenstunden

Inhalte/Methoden	Dauer
Blitzlicht	5 Minuten
Erfahrungsaustausch zum Thema Alkohol/ Kenntnisstand überprüfen: Brainstorming Die Jugendlichen werden aufgefordert, ihre persönlichen Erfahrungen mit Alkohol und Sucht in einem Brainstorming der Gruppe mitzuteilen. Stichpunkte zu den Themen Alkohol und Sucht hat der Leiter vorab auf ein Plakat geschrieben. Diese Stichpunkte könnten z.B. sein: Party, Führerschein, Entzug, Stärke, Gemeinschaft, cool, Filmriss, Zittern, Mut, Gewalt, … und sollten nach Gruppenzusammensetzung und Alter der Teilnehmer variieren. Der Gruppenleiter weist vorab noch einmal auf die Gesprächsregeln (s. S. 35) hin. **Zu folgenden Aspekten können die Jugendlichen sich äußern:** ✗ Wie regelmäßig und bei welchen Gelegenheiten trinke ich Alkohol? ✗ Wie viel und welchen Alkohol trinke ich? ✗ Welche Folgen von Alkoholgenuss (Filmriss, Erbrechen, ✗ Lallen, Schwanken, …) kenne ich? ✗ Wie wirkt Alkohol bei mir? ✗ Welchen Zusammenhang von Alkohol und Gewalt kenne ich? ✗ Warum trinke ich Alkohol? ✗ Zu welchen anderen Suchtmitteln/Drogen hatte ich schon Kontakt?	10 Minuten
Informationen 1: Quiz zum Thema Alkohol Jeder Jugendliche beantwortet zuerst die 15 Quizfragen (s. S. 44) schriftlich. Anschließend werden die Lösungen gemeinsam mit der Gruppe besprochen.	10 Minuten
Informationen 2: Film zum Thema „Alkohol und Jugendliche" mit anschließender Gesprächsrunde Die Jugendlichen schauen einen Film zum Thema. Dies könnte z.B. „Besser drauf ohne Alkohol" oder „Voll im Rausch – Jugendliche und Alkohol" sein (die Bezugsquellen werden unter Material genannt). Anschließend wird dieser Film mit den Jugendlichen unter folgenden Fragestellungen ausgewertet: ✗ Welche Erfahrungen aus dem Film sind mir aus meinem eigenen Leben bekannt? Was war mir neu? ✗ Hat der Film mich zum Nachdenken über eine Änderung meines Verhaltens gebracht?	

5. Gruppenstunde

Kapitel ❷: Gruppenstunden

Alternative 1: Die Jugendlichen informieren sich mehr zu dieser Thematik im Internet auf der Seite der Bundeszentrale für gesundheitliche Aufklärung (BZgA) www.bist-du-staerker-als-alkohol.de: Diese Seite bietet viele Informationen und ist für Jugendliche sehr ansprechend aufbereitet. **Alternative 2:** Die Jugendlichen mischen gemeinsam mit den Leitern alkoholfreie Cocktails und erfahren, dass Alkohol nicht die wichtigste Rolle spielt, wenn man gemeinsam Spaß haben möchte. Hierzu kann bei der BZgA ein Rezeptheft für Jugendliche mit 50 Rezepten für leckere alkoholfreie Cocktails mit dem Titel: „Na toll! – Cocktails ohne Alkohol" bestellt werden.	30 Minuten
Pause	5 Minuten
Auswirkungen von Alkohol erfahrbar machen: Rauschbrillen-Aktionen Unterschiedliche Rauschbrillen simulieren einen bestimmten Blutalkoholgehalt. Mit einigen Übungen werden die Folgen von Alkoholgenuss und deren körperliche Beeinträchtigungen erfahrbar gemacht. Die Jugendlichen sollen mit der Brille die folgenden oder ähnliche Aktionen ausführen: ✗ Bälle fangen ✗ Eierlauf – Ball auf Rohr ablegen ✗ Auf einer Linie laufen ✗ Klettern ✗ Slalomfahren mit ferngesteuertem Auto	45 Minuten
Abschlussblitzlicht und Abschlussritual	5 Minuten

Ort

Vor der Pause: Klassen- oder Gruppenraum, nach der Pause: Sporthalle oder großer Klassen- oder Gruppenraum

Material

✗ DVD und Fernseher/Computer mit Beamer.
   Die DVD ist kostenlos erhältlich bei den örtlichen Stadt- bzw. Kreisbildstellen oder zu bestellen z.B. unter www.shop.lerngut.com („Voll im Rausch") oder http://www.neuland.com/index.php („Besser drauf ohne Alkohol").

5. Gruppenstunde

Kapitel ❷: Gruppenstunden

- ✗ Rauschbrillen
  Da Rauschbrillen nicht kostengünstig sind, empfiehlt es sich, bei kommunalen oder freien Jugendhilfeträgern, Suchtberatungsstellen, der Polizei o.Ä. vor Ort nachzufragen, ob sie dort entliehen werden können. Für die Schule lohnt sich eine Anschaffung in jedem Fall: www.rauschbrillen.de
- ✗ Quizformulare (s. S. 44)
- ✗ evtl. ferngesteuertes Auto
- ✗ Tischtennisball und Rohr
- ✗ evtl. Cocktailzutaten
- ✗ Kamera zur Dokumentation der Gruppenstunde
- ✗ Pausenverpflegung

Tipp: Über die BZgA lassen sich zu dieser Thematik zahlreiche Infomaterialien, fast ausschließlich kostenlos, bestellen.

5. Gruppenstunde: Das Alkohol-Quiz

Kapitel ❷: Gruppenstunden

Mit Alkohol habe ich kein Problem …
… aber ohne.

Aussage	wahr	falsch
Schon bei 0,2 Promille Alkohol im Blut steigt die Risikobereitschaft.		
Wenn ich auf einer Party abends viel Alkohol getrunken habe, ist es in Ordnung, morgens mit dem Roller zur Schule zu fahren.		
Auch bei 0,5 Promille Blutalkoholpegel kann ich Geschwindigkeiten noch gut einschätzen.		
Wenn ich mit dem Fahrrad von einer Party nach Hause fahre, darf ich trinken, so viel ich will.		
Bei Verkehrsunfällen, die durch Alkohol verursacht werden, sterben in Deutschland jährlich ungefähr 1 800 Menschen.		
Das Risiko, einen Verkehrsunfall zu verursachen, steigt erst ab 0,8 Promille Alkohol im Blut.		
Alkoholgenuss kann zu Impotenz führen.		
In Deutschland werden jährlich 5 Milliarden Euro für Alkohol ausgegeben.		
Ein Schnaps in einem Schnapsglas enthält mehr Alkohol als ein Bier in einem Bierglas.		
Wenn ich Alkohol getrunken habe, werde ich schneller wieder nüchtern, wenn ich mich anschließend viel bewege.		
Sex mit meinem Freund/meiner Freundin macht mehr Spaß, wenn ich vorher richtig viel Alkohol getrunken habe.		
Es ist lebensgefährlich, in kurzer Zeit 20 Gläser Bier oder eine Flasche Schnaps zu trinken.		
Alkopop-Mixgetränke darf ein Jugendlicher mit 16 Jahren kaufen, wenn die Eltern es erlauben.		
Alkohol kann aggressiv machen und führt in vielen Fällen zu Gewalt.		
Wenn ich nur am Wochenende und auf Partys Alkohol trinke, kann mich das nicht abhängig machen.		

5. Gruppenstunde: Das Alkohol-Quiz

Kapitel ❷: Gruppenstunden

Lösung

Aussage	wahr	falsch
Schon bei 0,2 Promille Alkohol im Blut steigt die Risikobereitschaft.	X	
Wenn ich auf einer Party abends viel Alkohol getrunken habe, ist es in Ordnung, morgens mit dem Roller zur Schule zu fahren. *(Wenn ich um 24.00 Uhr 1,5 Promille Alkohol im Blut hatte, sind es um 6 Uhr noch 0,6 Promille.)*		X
Auch bei 0,5 Promille Blutalkoholpegel kann ich Geschwindigkeiten noch gut einschätzen.		X
Wenn ich mit dem Fahrrad von einer Party nach Hause fahre, darf ich trinken, so viel ich will.		X
Bei Verkehrsunfällen, die durch Alkohol verursacht werden, sterben in Deutschland jährlich ungefähr 1 800 Menschen.		X
Das Risiko, einen Verkehrsunfall zu verursachen, steigt erst ab 0,8 Promille Alkohol im Blut. *(Ab 0,5 Promille verdoppelt es sich, ab 0,8 Promille vervierfacht es sich sogar.)*	X	
Alkoholgenuss kann zu Impotenz führen.		X
In Deutschland werden jährlich 5 Milliarden Euro für Alkohol ausgegeben.	X	
Ein Schnaps in einem Schnapsglas enthält mehr Alkohol als ein Bier in einem Bierglas. *(Beides enthält in etwa 10 Gramm reinen Alkohol.)*	X	
Wenn ich Alkohol getrunken habe, werde ich schneller wieder nüchtern, wenn ich mich anschließend viel bewege. *(Der Alkohol im Blut wird nicht schneller abgebaut.)*		X
Sex mit meinem Freund/meiner Freundin macht mehr Spaß, wenn ich vorher richtig viel Alkohol getrunken habe.		X
Es ist lebensgefährlich, in kurzer Zeit 20 Gläser Bier oder eine Flasche Schnaps zu trinken. *(Ab 3 Promille Alkohol im Blut ist das Risiko, bewusstlos zu werden, sehr groß – es besteht Lebensgefahr – dieser Wert gilt für Erwachsene!)*	X	
Alkopop-Mixgetränke darf ein Jugendlicher mit 16 Jahren kaufen, wenn die Eltern es erlauben. *(Alkopops dürfen erst ab 18 Jahre verkauft werden.)*		X
Alkohol kann aggressiv machen und führt in vielen Fällen zu Gewalt.	X	
Wenn nur am Wochenende und auf Partys Alkohol trinke, kann mich das nicht abhängig machen.		X

Ein Trainingskurs für Schule und Jugendarbeit

6. Gruppenstunde

Kapitel ❷: Gruppenstunden

Inhalte/Methoden	Dauer
Blitzlicht	5 Minuten
Körperliche Grenzerfahrungen: Besuch eines Kletterzentrums Da die Teilnehmer der Gruppe auf sehr unterschiedliche Weise Erfahrungen mit Grenzverletzungen gesammelt haben, sollen sie nun beim gemeinsamen Klettern ihre persönlichen Grenzen erfahren. Eine Kletterausrüstung ist für einen Besuch im Kletterzentrum in der Regel nicht erforderlich. Empfehlenswert ist sportliche Bekleidung. Über das Klettern und Kletterzentren in der näheren Umgebung kann man sich über das Internet, z.B. konkret unter www.klettern.de bzw. www.climbing.de informieren. Auch haben manche Schulen bereits (indoor oder outdoor) Kletterwände. Falls Klettern nicht in Frage kommen sollte, kann die Gruppenleitung natürlich auch andere Sportarten nutzen, beispielsweise Rafting, Bungee-Jumping usw.	3 Stunden
Abschlussblitzlicht/Abschlussritual	5 Minuten

Ort
Kletterhalle

Material
✗ Kamera zur Dokumentation der Gruppenstunde
✗ Pausenverpflegung

7. Gruppenstunde

Kapitel ❷: Gruppenstunden

Inhalte/Methoden	Dauer
Blitzlicht	5 Minuten
Darstellung und Reflexion aktuellen Freizeitverhaltens: Ausflug zu Freizeitstätten der Jugendlichen Die Gruppe macht sich auf den Weg zu einigen Freizeitstätten, an denen sich die Jugendlichen üblicherweise aufhalten. Mit Film- und Fotokameras dokumentieren sie diesen Besuch. Bei einer größeren Gruppe können sich die Teilnehmer auch in kleine Gruppen aufteilen und getrennt die Orte aufsuchen. In der Gruppenrunde stellen die Jugendlichen mit Hilfe der Bilder dann ihre Freizeitplätze vor. **In ihrer Dokumentation sollen die Jugendlichen sich mit folgenden Fragen auseinandersetzen:** ✗ Was macht diese Orte für mich besonders reizvoll? ✗ Was kann ich an diesen Orten machen, was vielleicht auch nicht? ✗ Welchen Menschen begegne ich an diesen Orten? ✗ Was habe ich in der Vergangenheit an diesen Orten erlebt? ✗ Was hat mich, was hat mein Leben an diesen Orten geprägt? ✗ Welches Angebot, welche Menschen fehlen mir an diesen Orten?	2,5 Stunden
Abschlussblitzlicht/Abschlussritual	5 Minuten

Ort
Verschiedene Orte in der näheren Umgebung

Material
✗ Filmkameras ✗ Fotokameras ✗ Kamera zur Dokumentation der Gruppenstunde

8. Gruppenstunde

Kapitel ❷: Gruppenstunden

Inhalte/Methoden	Dauer
Blitzlicht	5 Minuten
Kennenlernen neuer Freizeitangebote im sozialen Umfeld: Ausflug zu alternativen Freizeitstätten 1 Die Gruppe sucht neue Möglichkeiten der Freizeitgestaltung in ihrem Ort auf, beispielsweise ein Jugendhaus, Jugendkulturcafé o.Ä. Welche Freizeitstätten dies im Einzelnen sein können, wird sich die Gruppenleitung aus Angeboten vor Ort aussuchen müssen. Die Leitung der besuchten Einrichtung sollte den Jugendlichen vorstellen, welche Möglichkeiten der Freizeitgestaltung sie den Jugendlichen bietet, und erklären, warum diese eine reizvolle Alternative zu bisherigen Orten ist. In einem Jugendheim könnte ein attraktives Angebot z.B. die Bereitstellung von Räumen sein, in denen Jugendliche in der Freizeit kostenlos oder für wenig Geld ihre Freizeit verbringen können. Dabei kann es nicht allein um besonders pädagogisch betreute Räumlichkeiten gehen: Ein Raum, trocken und gemütlich, vielleicht mit einem Kicker, einer Dartscheibe oder einem Billardtisch, in dem sich Jugendliche ungezwungen treffen können, reicht völlig aus. Falls die Jugendlichen Gelegenheit haben, diesen Raum selbst zu gestalten, steigt zudem ihr Verantwortungsbewusstsein und sie gehen sorgsamer mit dem Raum um.	50 Minuten
Pause	5 Minuten
Motivation zur regelmäßigen Nutzung eines neuen Angebotes: Sportliches Turnier Orientiert an dem Angebot in der aufgesuchten Freizeitstätte, wird ein sportliches Turnier für die Jugendlichen angeboten. Das kann Tischtennis, Kickern, Darts, Basketball o.Ä. sein, größere Gruppen können sich auch aufteilen und zwei verschiedene Angebote ausprobieren.	45 Minuten
Alternativen aufzeigen: Vorstellung weiterer Freizeiteinrichtungen Über den Besuch hinaus sollten die Jugendlichen auch darüber informiert werden, welche weiteren Freizeitstätten und offene bzw. verbandliche Angebote vor Ort bestehen. Das können neben den Gruppen in der Jugendarbeit auch Sportvereine, Theatergruppen, Musikschulen usw. sein.	10 Minuten

8. Gruppenstunde

Kapitel ❷: Gruppenstunden

Diese Vorstellung können die Leiter der Gruppe übernehmen, die Jugendlichen können aber auch im Vorfeld zu einzelnen Bereichen (z.B. Sport, offene Treffpunkte usw.) recherchieren und der Gruppe vorstellen. Der Leiter ergänzt dann nur noch fehlende Angebote.	
Abschlussblitzlicht/Abschlussritual	5 Minuten

Ort
Verschiedene Orte in der näheren Umgebung, evtl. Klassen- oder Gruppenraum bei der Vorstellung der Freizeiteinrichtungen

Material
✗ Kamera zur Dokumentation der Gruppenstunde
✗ Pausenverpflegung

9. Gruppenstunde

Kapitel ❷: Gruppenstunden

Inhalte/Methoden	Dauer
Blitzlicht	5 Minuten
Kennenlernen strafrechtlicher Konsequenzen: Besuch des Amtsgerichts Die Gruppe fährt zum Amtsgericht und nimmt an einigen Gerichtsverhandlungen mit Heranwachsenden teil, weil diese Verfahren, im Gegensatz zu den Prozessen mit Jugendlichen, öffentlich sind. Mit dem Richter kann in manchen Fällen vorab besprochen werden, ob es die Möglichkeit gibt, an diesem Tage Verfahren zu terminieren, die mit der Lebenssituation der Jugendlichen zu tun haben. Bei ihrem Besuch sollen die Jugendlichen das Verfahren, mögliche Konsequenzen aus Straffälligkeit und Fragen der Wiedergutmachung kennenlernen.	2 Stunden
Pause	5 Minuten
Vertiefende Informationen über Gerichtsverhandlungen: Gespräch mit dem Richter Im Gespräch mit dem Richter können die Teilnehmer alle Fragen zu den erlebten Gerichtsverfahren klären. Der Richter sollte darüber hinaus Erklärungen zu seinen Entscheidungen abgeben und diese erläutern. **Fragen, die in dem Gespräch auf jeden Fall geklärt werden sollten, sind folgende:** ✗ Wieso müssen sich die Besucher des Gerichts am Eingang einer Taschenkontrolle unterziehen? ✗ Wer hat welche Rolle und Aufgabe in dem Gerichtsverfahren (Richter, Schöffen, Staatsanwaltschaft, Zeugen, Angeklagter, Jugendamt, Sachverständige, ...) ✗ Wieso kommt das Gericht häufig zu einem anderen Urteil, als die Staatsanwaltschaft es fordert? ✗ Welche Rolle spielen Wiedergutmachung, Einsicht und Reue in einem Gerichtsverfahren? **Alternative 1:** Falls der Richter selbst keine Zeit finden sollte, kann auch ein Mitarbeiter des Jugendamtes (Jugendgerichtshilfe) zu einem Gespräch mit der Gruppe eingeladen werden. **Alternative 2:** Die Jugendlichen können aufgefordert werden, sich selbst zu den einzelnen Themen im Internet zu informieren und die Fragen der anderen Teilnehmer zu ihrem Schwerpunkt als Experten zu beantworten.	60 Minuten

9. Gruppenstunde

Kapitel ❷: Gruppenstunden

Besichtigung der Arrestzellen Der Richter oder ein anderer Gerichtsmitarbeiter zeigt den Teilnehmern die Arrestzellen im Amtsgericht und erklärt ihnen den Ablauf und die Auflagen bei einem Freizeitarrest. Die Jugendlichen erhalten auch hier Gelegenheit, ihre Fragen zu klären, entweder mit dem Richter/Mitarbeiter oder dem Leiter der Gruppe. **Folgende Fragen sollten auf jeden Fall aufgeworfen und beantwortet werden:** ✗ Welche Dauer hat ein Freizeitarrest? ✗ Was dürfen die Jugendlichen bei einem Freizeitarrest mitbringen? ✗ Sind die Jugendlichen während der gesamten Zeit des Arrestes in ihrer Zelle? ✗ Inwieweit zeigen sich Jugendliche von einem Freizeitarrest beeindruckt?	30 Minuten
Abschlussblitzlicht/Abschlussritual	5 Minuten

Ort
Amtsgericht am Ort oder in der nächstgrößeren Stadt

Material
✗ Kamera zur Dokumentation der Gruppenstunde
✗ Pausenverpflegung

Ein Trainingskurs für Schule und Jugendarbeit

10. Gruppenstunde

Kapitel ❷: Gruppenstunden

Inhalte/Methoden	Dauer
Reflexion: Eindrücke vom Besuch beim Gericht Als Nachbetrachtung erhalten die Jugendlichen noch einmal die Gelegenheit, ihre Eindrücke von der letzten Gruppenstunde mitzuteilen. **Folgende Aspekte sollen dabei berücksichtigt werden:** ✗ Haben die Jugendlichen sich ein Gerichtsverfahren so vorgestellt, wie sie es erlebt haben? Was war anders? ✗ Was hat die Jugendlichen besonders stark beeindruckt? ✗ Hat das Erlebnis des Ablaufs von Gerichtsverhandlungen die Jugendlichen abgeschreckt, selbst Straftaten zu begehen?	10 Minuten
Formen von Wiedergutmachung kennenlernen und erproben: Rollenspiel Die Teilnehmer teilen sich in Gruppen mit drei bis vier Teilnehmern auf. Jede Gruppe bekommt die Aufgabe, sich zu einer selbst erlebten oder bekannten Situation einer Körperverletzung eine Form der Wiedergutmachung zu überlegen. Anschließend sollen die Gruppen die Situation sowie die Wiedergutmachung in einem Rollenspiel darstellen, welches gleichzeitig gefilmt wird. **In einem anschließenden Gespräch sollen folgende Fragen thematisiert werden:** ✗ War die dargestellte Lösung hilfreich und ausreichend? ✗ Was haben die Jugendlichen in dem Rollenspiel, was in der tatsächlichen Situation gespürt (Wut, Angst, Kontrollverlust, …)? ✗ Wäre in der konkret erlebten Situation die Lösung möglich gewesen? Wenn nein, wieso nicht? Wenn ja, was hat die Jugendlichen daran gehindert? ✗ Wie könnte in ähnlichen Situationen zukünftig eine neue Lösung zum Tragen kommen?	45 Minuten
Pause	5 Minuten
Austoben: Fairer Kampf Wer von den Teilnehmern möchte, kann noch einmal einen Jugendlichen zu einem fairen Kampf (Boxen, Armdrücken, Sockenduell, …) auffordern. (Nähere Informationen hierzu stehen im Ablaufplan der 2. Gruppenstunde.)	20 Minuten

10. Gruppenstunde

Kapitel ❷: Gruppenstunden

Erkennen eigener Fähigkeiten und Stärkung des Selbstbewusstseins: Ich bin gut ... Jeder Teilnehmer bekommt die Gelegenheit, eine besondere, zu ihm persönlich passende Eigenschaft bzw. Fähigkeit der Gruppe vorzuführen (Musik, Tanz, Sport, Fußball, ...). Die Erfahrung zeigt, dass bei den meisten Jugendlichen ungeahnte Talente schlummern, die in der Regel wenig Beachtung finden. Dabei sollten die anderen zwar ehrlich ihre Meinung sagen können, verletzende Äußerungen oder hämische Rückmeldungen müssen jedoch von vornherein ausgeschlossen werden (Hinweis auf die Regeln). Auch wenn sich einige Jugendliche zieren, sollte jeder ermutigt werden, diese Chance zu nutzen.	20 Minuten
Abschlussblitzlicht/Abschlussritual	5 Minuten

Ort
Klassen- oder Gruppenraum

Material
✗ Filmkamera
✗ Kamera zur Dokumentation der Gruppenstunde
✗ Pausenverpflegung
✗ Boxhandschuhe, alte Socken o.Ä.

Ein Trainingskurs für Schule und Jugendarbeit

11. Gruppenstunde

Kapitel ❷: Gruppenstunden

Inhalte/Methoden	Dauer
Blitzlicht	5 Minuten
Kennenlernen neuer Freizeitangebote im sozialen Umfeld: Ausflug zu alternativen Freizeitstätten 2 Die Gruppe macht sich auf den Weg, weitere Möglichkeiten der Freizeitgestaltung in ihrem Ort aufzusuchen. Während in der achten Gruppenstunde ein fester Raum besucht wurde, soll es in der elften Gruppenstunde um ein Freizeitgelände im Außenbereich gehen. Jede Gemeinde bzw. Stadt hat hier unterschiedliche Angebote geschaffen, sodass vor Ort entschieden werden muss, wohin die Gruppe gehen wird. Dies kann ein Teich oder See zum Angeln sein, eine Skaterbahn, ein Bolzplatz, ein Park usw. Hierdurch sollen die Jugendlichen ein weiteres Angebot der Freizeitgestaltung als Alternative zu ihrem bisherigen Freizeitverhalten kennenlernen.	40 Minuten
Pause	5 Minuten
Austoben und Motivation zu sportlichem Einsatz: Fußballspiel auf dem Bolzplatz Bolzplätze sind in der Regel in allen Städten zu finden. Sollte dieses einmal nicht der Fall sein, reicht natürlich auch eine größere Wiese aus. Wenn sich die Mehrheit nicht für Fußball begeistern kann, können die Jugendlichen natürlich auch andere Sportspiele vorschlagen: Völkerball, Volleyball usw. lassen sich ebenfalls ohne viel Aufwand auf einem Bolzplatz umsetzen.	50 Minuten
Alternativen aufzeigen: Vorstellung weiterer Freizeiteinrichtungen Über den Besuch hinaus sollte der Leiter die Jugendlichen auch darüber informieren, welche weiteren Freizeitstätten im Außenbereich vor Ort bestehen.	10 Minuten
Abschlussblitzlicht/Abschlussritual	5 Minuten

Ort
Verschiedene Orte in der näheren Umgebung, evtl. Klassen- oder Gruppenraum bei der Vorstellung der Freizeiteinrichtungen

11. Gruppenstunde

Kapitel ❷: Gruppenstunden

Material
✗ Kamera zur Dokumentation der Gruppenstunde
✗ Pausenverpflegung
✗ Fußball

12. Gruppenstunde

Kapitel ❷: Gruppenstunden

Inhalte/Methoden	Dauer
Blitzlicht	5 Minuten
Erkennen und Spüren eigener Grenzen: Besuch einer Kartbahn Die Gruppe fährt gemeinsam zu einer Kartbahn in der Region. Neben dem Spaß, den die Jugendlichen auf einer Kartbahn in der Regel schon bekommen, weil es sich um einen Motorsport handelt, werden hier insbesondere folgende Eigenschaften trainiert: ✗ Einschätzen von Risiken ✗ Erkennen und Spüren eigener Grenzen ✗ Körperbeherrschung ✗ Verantwortung ✗ Rücksichtnahme ✗ Einhaltung von Regeln Im Internet gibt es zahlreiche Informationen und Seiten zu Kartbahnen (z.B. www.kartslalom.com mit den entsprechenden Links). **Alternative:** Die Gruppe kann auch einen Wald aufsuchen. Dort könnte die Gruppe beispielsweise in einem ausgewählten Baum „Wettklettern": Jeder Teilnehmer muss in diesem Baum so hoch klettern, wie er es sich traut, und seinen Namen an der Stelle mit einem Stück Kreide auf den Baum schreiben. Auch können die Jugendlichen konkrete Kampf- und Laufspiele im Wald vorschlagen, die sie als Kind besonders gern gespielt haben.	1,5 Stunden
Pause	5 Minuten
Wertschätzung und Gruppengefühl: Grillen Zum Abschluss der letzten regulären Gruppenstunde wird mit den Jugendlichen gegrillt. Als Ort hierfür kann ein ausgewiesener Grillplatz ausgewählt werden oder es findet an der Schule, dem Jugendhaus o.Ä. statt. Vom Einkauf bis zur Zubereitung, vom Tischdecken bis zum Abwasch werden dabei alle Schritte gemeinsam durchgeführt. Dieses gibt der Gruppe und den einzelnen Teilnehmern die Möglichkeit, Wertschätzung zu geben und gleichzeitig zu erfahren. Das beginnt bei der Auswahl der Zutaten oder der Speisen, geht über einen ansprechend gedeckten Tisch bis hin zum Umgang miteinander („Manieren").	2 Stunden

12. Gruppenstunde

Kapitel ❷: Gruppenstunden

Alternative: Statt Grillen gibt es auch die Möglichkeit, mit den Jugendlichen eine Pizza zu backen oder beispielsweise ein perfektes Dinner zu gestalten.	
Abschlussblitzlicht/Abschlussritual	5 Minuten

Ort
Vor der Pause: Kartbahn in der näheren Umgebung, nach der Pause: Grillplatz, Schulhof o.Ä.

Material
✗ Kamera zur Dokumentation der Gruppenstunde ✗ Pausenverpflegung ✗ Grillutensilien

Abschlussaktion

Kapitel ❷: Gruppenstunden

Inhalte/Methoden	Dauer
Blitzlicht	5 Minuten
Schulung von Verantwortungsbereitschaft und Teamgeist: Hochseilgarten Die Gruppe fährt zu einem Hochseilgarten in der Region. Unter Anleitung führen die Jugendlichen dort Übungen durch, die speziell auf diese Zielgruppe abgestimmt sind. Es geht um das Erleben von Grenzerfahrungen, aber auch die Förderung von Mannschaftsgeist, die Übernahme von Verantwortung und die Schulung der Gruppenfähigkeit. Auf www.hochseilgarten.de gibt es im Internet Informationen über Hochseilgärten und auch die Möglichkeit, nach einem Hochseilgarten in der Region zu suchen. **Alternative:** Falls in der Region kein Hochseilgarten eingerichtet sein sollte, lässt sich alternativ auf andere Abenteuersportarten (Kanutouren o.Ä.) umsteigen.	3 Stunden
Schulung von Selbstdisziplin und Erhöhung des Selbstvertrauens: Bogenschießen Die Jugendlichen bekommen Informationen über theoretische und praktische Grundlagen des Bogenschießens und die Gelegenheit, diesen Sport selbst auszuprobieren. Mit Selbstwertgefühl, Selbstbewusstsein und Selbstdisziplin den Körper unter Kontrolle zu bringen, ist das Ziel. Auch können die Jugendlichen dabei Mut beweisen und erfahren, was es bedeutet, stolz auf eine erbrachte Leistung zu sein. Für nähere Informationen und den Einsatz von Übungsleitern gibt es die Möglichkeit, auf www.bogenschiessen.de nach Vereinen in der Region zu suchen. Auch werden häufig Kurse an Volkshochschulen, Familienbildungsstätten o.Ä. angeboten. **Alternative:** Gibt es keine Möglichkeit zum Bogenschießen in der Nähe, könnte man auf andere Aktivitäten zurückgreifen, bei denen Jugendliche durch Konzentration und Selbstdisziplin Erfolgserlebnisse erleben können (z.B. Akrobatik o.Ä.).	2 Stunden

Abschlussaktion

Kapitel ❷: Gruppenstunden

Reflexion: Abendessen Zum Abschluss des Tages fährt die Gruppe zum Gruppenraum, wo bei einem Abendessen gemeinsam der Tag und die neuen Erfahrungen unter folgenden Gesichtspunkten reflektiert werden: ✗ Welche Erfahrungen waren für mich neu? An welcher Stelle habe ich meinen Körper auf eine neue Weise gespürt? ✗ Wo hat mir mein Körper klare Grenzen gesetzt? ✗ Wo haben sich andere Teilnehmer für mich eingesetzt, wo ich alleine nicht mehr weiter kam? ✗ An welcher Stelle hatte ich Angst, an welcher Stelle fühlte ich mich besonders mutig? ✗ Was hat mir besonders gut gefallen, was hat mir nicht gefallen?	
Abschlussritual	5 Minuten

Ort
✗ Hochseilgarten in der näheren Umgebung
✗ Bogenschießanlage in der näheren Umgebung

Material
Kamera zur Dokumentation der Gruppenstunde

Ein Trainingskurs für Schule und Jugendarbeit

Nachtreffen

Kapitel ❷: Gruppenstunden

Inhalte/Methoden	Dauer
Blitzlicht	5 Minuten
Auswertung und Entwicklung von Perspektiven Die Gruppe trifft sich zeitnah zur Abschlussaktion zu einem Nachtreffen im Gruppenraum. Dabei werden gemeinsam mit den Jugendlichen der Verlauf der Gruppe und persönliche Veränderungen ausgewertet. Auch wird über Perspektiven für die einzelnen Jugendlichen für das soziale Umfeld, für Handlungsstrategien und zukünftiges Freizeitverhalten nachgedacht. In der Schule kann dies innerhalb einer letzten Gruppenstunde stattfinden. Der Fragebogen (siehe S. 61) kann bei der Auswertung eine Hilfe sein. Jeder Leiter sollte jedoch vor dem Austeilen überprüfen, ob die Fragen auf seine Gruppe passen und sie ggf. abändern. Die Jugendlichen bekommen bei diesem Treffen eine Teilnahmebescheinigung sowie als Erinnerung eine CD mit sämtlichen Fotos sowie eine DVD mit den Filmen der Gruppe. Schüler können ihre Erfahrungen in einer Präsentation (Plakate, Power-Point-Präsentation) dokumentieren und diese in der Klasse, auf einem Elterabend o.Ä. vorstellen.	60 Minuten
Abschlussblitzlicht/Abschlussritual	5 Minuten

Ort
Klassen- oder Gruppenraum

Material
✗ Auswertungsbögen (s. S. 61) ✗ Foto-CDs und DVDs von Filmen der Gruppe ✗ Teilnahmebescheinigungen (s. S. 62)

Nachtreffen: Auswertung

Kapitel ❷: Gruppenstunden

Was hat dir in unserer Gruppe besonders gut gefallen?
_____
_____

Was hat dir in unserer Gruppe nicht so gut gefallen?
_____
_____

Was hättest du mit unserer Gruppe gerne noch unternommen?
_____
_____

Was hat sich für dich durch unsere Gruppe verändert?
_____
_____

Was hat dir an dem/den Gruppenleiter/n gut gefallen?
_____
_____

Was hat dir an dem/den Gruppenleiter/n nicht gefallen?
_____
_____

Was wird dir von unserer Gruppe besonders in Erinnerung bleiben?
_____
_____

Würdest du dich in Zukunft mit einem Problem an den/die Gruppenleiter wenden wollen?
_____
_____

Glaubst du, dass du dein Leben in Zukunft gut meistern wirst?
_____
_____

Nachtreffen: Teilnahmebescheinigung

Kapitel ❷: Gruppenstunden

Hiermit bescheinigen wir, dass

_____

an dem sozialen Trainingskurs „Stärken stärken – Schwächen schwächen"

in der Zeit von _____ bis _____

teilgenommen hat.

Er/Sie hat

_____ Mal entschuldigt und

_____ Mal unentschuldigt gefehlt.

_____

(Ort, Datum)

_____

(Unterschrift Gruppenleiter)

Elternabend

Kapitel ❷: Gruppenstunden

Inhalte/Methoden	Dauer
Begrüßung	5 Minuten
Kennenlernen der Eltern: Vorstellungsrunde Die teilnehmenden Eltern stellen sich gegenseitig vor und teilen mit, welcher der Jugendlichen zu ihnen gehört. Bei einem Elternabend in der Schule kann diese Runde auch entfallen, wenn sich die Eltern schon durch Pflegschaftsabende kennen.	10 Minuten
Kennenlernen der Arbeitsmethoden und -inhalte: Informationen Der Gruppenleiter informiert die Eltern über Ablauf, Programm und Ziele des sozialen Trainingskurses. Die bisher erarbeiteten Materialien und Fotos dienen hierbei zur Veranschaulichung.	15 Minuten
Evaluation: Rückmeldung der Eltern Die Eltern werden gebeten, mitzuteilen, ob sie bei ihren Kindern Veränderungen durch die bisherige Teilnahme am sozialen Trainingskurs festgestellt haben. Hierbei geht es einerseits um die Einstellungen der Jugendlichen, aber auch um ihr Freizeit- und Konfliktverhalten.	15 Minuten
Pause	10 Minuten
Stärkung der Erziehungsbereitschaft und -fähigkeit: Gespräch Gemeinsam mit den Eltern wird über mögliche Ursachen für auffälliges bzw. straffälliges Verhalten ihrer Kinder nachgedacht. Mit den Eltern wird reflektiert, wie sie bisher auf das Verhalten ihrer Kinder reagiert haben, ob es hilfreich war oder nicht. Es wird gemeinsam überlegt, auf welche Weise Eltern ihren Kindern die notwendigen Hilfen geben können. In diesem Zusammenhang ist es sehr bedeutsam, den Eltern aufzuzeigen, welche Bedeutung sie, ihre Erziehung mit klaren Regeln und konsequentem Verhalten, für die Entwicklung ihrer Kinder haben. Auch wird aufgezeigt, welche Möglichkeiten der Unterstützung Eltern (Hilfen zur Erziehung, Beratungsstellen, ...) für sich nutzen können.	45 Minuten

Elternabend

Kapitel ❷: Gruppenstunden

Wie stark auf die einzelnen der genannten Aspekte eingegangen wird, richtet sich im Einzelfall nach den Teilnehmern: Hat z.B. eine ganze Schulklasse diesen Kurs durchgeführt, können bei dem Gespräch auch konkrete Probleme wie Mobbing o.Ä. zur Sprache kommen. Auch muss beachtet werden, dass einige Eltern auf „Erziehungsratschläge" empfindlich reagieren können. Deshalb ist eine gründliche Vorbereitung des Treffens und viel Fingerspitzengefühl in der Durchführung unumgänglich. Möglicherweise ist es bei unhomogenen Gruppen vorteilhafter, nach dem Elternabend, auf dem allgemeine Probleme diskutiert werden, mit den Erziehungsberechtigten von „Problemschülern" Einzelgespräche zu führen, in denen konkrete Ratschläge und Hilfsangebote erläutert werden können.	
Abschlussblitzlicht	5 Minuten

Ort
Klassen- oder Gruppenraum

Material
✗ Bisher erarbeitetes Material (Fotos etc.) des Trainingskurses
✗ Pausenverpflegung

Literaturtipps

Terri Akin:
Selbstvertrauen und soziale Kompetenz.
Übungen, Aktivitäten und Spiele für Kids ab 10.
Verlag an der Ruhr, 2000.
ISBN 978-3-8607-2552-8

Bildungsteam Berlin Brandenburg e.V.:
Alltagskonflikte durchspielen.
Rollenspiele für den Mediationsprozess.
Verlag an der Ruhr, 2001.
ISBN 978-3-8607-2621-1

Kurt Faller, Wilfried Kerntke, Maria Wackmann:
Konflikte selber lösen.
Trainingshandbuch für Mediation und Konfliktmanagement
in Schule und Jugendarbeit.
Verlag an der Ruhr, 2009.
ISBN 978-3-8346-0526-9

Christina Großmann:
Projekt: Soziales Lernen.
Ein Praxisbuch für den Schulalltag.
Verlag an der Ruhr, 1998.
ISBN 978-3-8607-2261-9

Rob Kerr:
Portfoliomappe Selbstdisziplin.
Verlag an der Ruhr, 2007.
ISBN 978-3-8346-0341-8

Jan Stewart:
Wut-Workout.
Produktiver Umgang mit Wut.
Verlag an der Ruhr, 2003.
ISBN 978-3-8607-2751-5

Linktipps

www.caritas-ahaus-vreden.de
Homepage des Caritasverbandes Ahaus, in dem der Kurs im Jahr 2008 durchgeführt wurde.

www.gewalt-an-schulen.de/initiativen.html
Internetseite, auf der Links zu Initiativen von Vereinen und Schulen gegen Gewalt an Schulen verzeichnet sind.

www.buddy-ev.de
Das bundesweite Buddy-Projekt will Kinder und Jugendliche stark machen und eine positive Umgangskultur in Schulen fördern.

www.schule-ratgeber.de/hausarbeiten/hausarbeiten/gewalt_in_der_schule.html
Dieser Aufsatz zum Thema „Gewalt in der Schule" zeigt die Problematik auf, beschreibt die verschiedenen Arten von Gewalt und Aggression und gibt Informationen zur erfolgreichen Prävention.

www.polizei-beratung.de/vorbeugung/jugendkriminalitaet/gewalt_an_schulen/
Unter dem Motto „Keine Chance mehr für Bullies" wirbt die Polizei bundesweit für das an Schulen erfolgreich erprobte „Anti-Bullying-Programm" zur Gewaltprävention.

www.bmfsfj.de/bmfsfj/generator/BMFSFJ/kinder-und-jugend,did=23004.html
Die Arbeitsstelle für Kinder- und Jugendkriminalitätsprävention im Bundesministerium für Familie, Senioren, Frauen und Jugend stellt Informationen über bewährte und innovative Konzepte, Handlungsstrategien und Arbeitsformen der Kinder- und Jugendkriminalitätsprävention für die Praxis sowie für die Aus- und Weiterbildung zur Verfügung.

Die in diesem Werk angegebenen Internetadressen haben wir geprüft (Januar 2010). Da sich Internetadressen und deren Inhalte schnell verändern können, ist nicht auszuschließen, dass unter einer Adresse inzwischen ein ganz anderer Inhalt angeboten wird. Wir können daher für die angegebenen Internetseiten keine Verantwortung übernehmen.

Verlag an der Ruhr

Alexanderstraße 54
45472 Mülheim an der Ruhr

Telefon 05 21 / 97 19 330
Fax 05 21 / 97 19 137

bestellung@cvk.de
www.verlagruhr.de

Es gelten die Preise auf unserer Internetseite.

■ **Ich – Du – Wir alle!**
33 Spiele für soziales Kompetenztraining
Antonia Klein, Brunhilde Schmidt
10–15 J., 88 S., 16 x 23 cm, Paperback
ISBN 978-3-8346-0569-6
Best.-Nr. 60569
12,80 € (D)/13,15 € (A)/23,– CHF

■ **Tolerant! Engagiert! Selbstbewusst!**
80 Arbeitsblätter für soziales Lernen
David Koutsoukis
Kl. 5–8, 116 S., A4, Paperback
ISBN 978-3-8346-0571-9
Best.-Nr. 60571
19,80 € (D)/20,35 € (A)/34,70 CHF

■ **Konflikte selber lösen**
Trainingshandbuch für Mediation und Konfliktmanagement in Schule und Jugendarbeit
Kurt Faller, Wilfried Kerntke, Maria Wackmann
10–17 J., 208 S., A4, Paperback
ISBN 978-3-8346-0526-9
Best.-Nr. 60526
24,50 € (D)/25,20 € (A)/42,90 CHF

■ **Portfoliomappe Selbstdisziplin**
Rob Kerr
10–16 J., 116 S., A4, Paperback
ISBN 978-3-8346-0341-8
Best.-Nr. 60341
19,50 € (D)/20,– € (A)/34,20 CHF

Strategien • Tipps • Praxishilfen

Verlag an der Ruhr

Alexanderstraße 54
45472 Mülheim an der Ruhr

Telefon 05 21 / 97 19 330
Fax 05 21 / 97 19 137

bestellung@cvk.de
www.verlagruhr.de

Es gelten die Preise auf unserer Internetseite.

■ **Schnelles Eingreifen bei Mobbing**
Strategien für die Praxis
Wolfgang Kindler
Für alle Schulstufen, 128 S., 16 x 23 cm, Paperback
ISBN 978-3-8346-0450-7
Best.-Nr. 60450
14,80 € (D)/15,20 € (A)/26,10 CHF

■ **Wenn Sanktionen nötig werden: Schulstrafen**
Warum, wann und wie?
Wolfgang Kindler
Kl. 5–13, 157 S., 16 x 23 cm, Paperback
ISBN 978-3-8346-0324-1
Best.-Nr. 60324
17,80 € (D)/18,30 € (A)/31,20 CHF

■ **Unterrichtsvorbereitung**
Strategien, Tipps und Praxishilfen
Holger Mittelstädt
Für alle Schulstufen, 160 S., 16 x 23 cm, Paperback
ISBN 978-3-8346-0667-9
Best.-Nr. 60667
17,80 € (D)/18,30 € (A)/31,20 CHF

■ **Eine Klasse – ein Team!**
Methoden zum kooperativen Lernen
Cordula Hoffmann
Für alle Schulstufen, 120 S., 16 x 23 cm, Paperback
ISBN 978-3-8346-0594-8
Best.-Nr. 60594
12,80 € (D)/13,15€ (A)/23,– CHF

Strategien • Tipps • Praxishilfen